विहाग वैभव

मोर्चे पर विदागीत

राजकमल पेपरबैक्स

राजकमल पेपरबैक्स में
पहला संस्करण : सितम्बर, 2023

राजकमल पेपरबैक्स : उत्कृष्ट साहित्य के जनसुलभ संस्करण

राजकमल प्रकाशन प्रा. लि.
1-बी, नेताजी सुभाष मार्ग, दरियागंज
नई दिल्ली-110 002
द्वारा प्रकाशित

शाखाएँ : अशोक राजपथ, साइंस कॉलेज के सामने, पटना-800 006
पहली मंजिल, दरबारी बिल्डिंग, महात्मा गांधी मार्ग, प्रयागराज-211 001
1, अनमोल सोराबजी संतुक लेन, धोबी तलाव, मरीन लाइंस, मुम्बई-400 002
वेबसाइट : www.rajkamalprakashan.com
ई-मेल : info@rajkamalprakashan.com

विकास कम्प्यूटर एंड प्रिंटर्स
ट्रॉनिका सिटी-201 102
द्वारा मुद्रित

मूल्य : ₹199

MORCHE PAR VIDAGEET
Poetry by Vihag Vaibhav

ISBN : 978-81-19159-74-1

विहाग वैभव

विहाग वैभव का जन्म 30 अगस्त, 1994 को अपने ननिहाल ऊदपुर (जौनपुर) में हुआ। गाँव सिकरौर, जिला जौनपुर, उत्तर प्रदेश में विपन्नता और अभावजनित अन्य सामाजिक विद्रूपताओं में बचपन बीता। छुटपन में हुए रोड एक्सीडेंट ने जानलेवा लम्बी न्यूरो बीमारी दी जो किशोर होने तक साथ-साथ रही।

हिन्दी की लगभग सभी चर्चित पत्रिकाओं में विहाग की कविताएँ प्रकाशित हैं और मराठी, बांग्ला, असमिया, उड़िया, उर्दू, अंग्रेजी आदि भाषाओं में भी अनूदित व प्रकाशित हुई हैं। साल 2022 में पटना विश्वविद्यालय के परास्नातक के कोर्स में 'प्रचलित परिभाषाओं के बाहर महामारी' शृंखला कविता सम्मिलित की गई।

विहाग ने बनारस हिन्दू विश्वविद्यालय से पी-एच.डी. की है। वे प्रतिष्ठित पुरस्कार 'भारतभूषण अग्रवाल पुरस्कार' से सम्मानित हैं। 'मोर्चे पर विदागीत' पहला काव्य-संग्रह है।

ई-मेल : vihagjee1993@gmail.com

दिवंगत भाई प्रसून, फूलन देवी और
रोहित वेमुला के लिए

क्रम

इस मोड़ से जो लौटना चाहते हैं, लौट जाएँ

इस मोड़ से जो लौटना चाहते हैं, लौट जाएँ

यहाँ से आगे
अतिरिक्त नींद के स्वप्न में तितली का आमलतास को न चूम पाने का कपासी
दुख नहीं होना है
यहाँ से आगे
महुआ की गंध से देस के विस्थापन का घाव भर लेना नामुमकिन होगा
यहाँ से आगे
ठुमरी पर बजता पखावज सदियों दूर से आती मानुष-चीख़ में बदल जाएगा
यहाँ से आगे
कत्थक करते कमल-दल से पाँव मानुष-लोहू में डूबने लगते हैं

इस मोड़ से जो लौटना चाहते हैं, लौट जाएँ

यहाँ से आगे
घृणा की आग में जली बस्तियाँ आएँगी
मध्यकालीन मर्द के मस्तिष्क के मवाद से मरी बच्चियाँ आएँगी
परिवार के कोल्हू में कच्ची तीसी-सी पेर दी गईं स्त्रियाँ आएँगी

बीमार मनुष्यता के लिए जंगल से सन्नाटे की औषधि बटोरते हुए पहाड़ों में
ज़िंदा दफ़नाए गए मुंडा और टोप्पो आएँगे
अवर्णों की हड्डियाँ उनके लहू में घिसकर चंदन लगाने वाली संस्कृतियाँ आएँगी
मज़लूमों का रक्त पीकर जवान हुई सभ्यताएँ आएँगी
वध की भाषा में क़त्ल की कथाएँ आएँगी
यहाँ से आगे ऐसा बहुत कुछ आएगा
जिससे निबटने के लिए यहाँ से बहुत-बहुत पीछे जाना होगा

यहाँ से आगे
लाशों से पटे धर्मस्थलों के गर्भगृह में बर्बरता की करुणा से तर्कयुद्ध लड़े जाएँगे
यहाँ से दुख नहीं, दुख के कारण आएँगे
यहाँ से आगे बहसों का अन्धड़ आएगा
यहाँ से आगे पुनर्व्याख्याओं की लू चलेगी

जिनकी चेतना के गुणसूत्र अनुकूल नहीं हैं ऐसे मौसम के लिए
वे लौट जाएँ

बहुत भीषण है यहाँ से आगे कलाओं की दुनिया
बहुत दुर्गम हैं यहाँ से आगे संवेदनाओं के रास्ते
यहाँ से बदलते हैं कहानी के पात्र
यहाँ से बदलती है कविता की भाषा

यह इस नयी सदी और सभ्यता का आख़िरी मोड़ है
इस मोड़ से जो लौटना चाहते हैं, लौट जाएँ।

शैली

मैं जीवन को ऐसे जीना चाहता हूँ
जैसे मेरे कवि ने जी है भाषा—

कोई भी एक शब्द उठाकर
उसे सुन्दर वाक्य में बदल दिया
और ध्वनियों को बनाए रखा हमेशा

अर्थवान, न्याय, समानता और प्रेम का पक्षधर।

मानवद्रोहियों की जैविक संरचना के सन्दर्भ में

वे वीर्य से नहीं, घृणा से उपजे थे
वे मनुष्य योनि में हुए
और मनुष्यता के मवाद की तरह जीते रहे

मनुष्य को मनुष्य से अलगाते रहे
मनुष्य को मनुष्य का माँस परोसते रहे
और मनुष्यता की आत्मा चबाते रहे
ऐसा करते हुए वे पुराने करैत की तरह मुस्काते रहे

वे धार्मिक ग्रंथों से निकले और ख़तरनाक जीवाणुओं की तरह
सभ्यता के भूगोल पर इस छोर से उस छोर तक फैल गए
इतिहास में पसर गए द्वेष के अजगर की तरह
हवा में ज़हर की तरह समा गए
पानी पर बैठ गए कुंडली मारकर
उन्होंने क़लम बनाई और उससे विधर्मियों का क़त्ल करने का काम लिया
गर आग हाथ लगी तो सबसे पहले उन्होंने दूसरों के घर जलाए
कपास हाथ लगा तो दुनिया का गला घोंट सकने लायक फंदा बनाया

वे मनुष्य की सबसे सुन्दर चीज़ों का सबसे अश्लील इस्तेमाल करते रहे

वे पहाड़ पर गए तो पहाड़ों के गर्भ में बम छोड़ आए
उन्होंने नदी को छुआ तो नदियाँ सूखती चली गईं
वे जंगलों में गए तो जंगल में आग लग गई
उनका लालच इतना विशाल था कि
उसमें पूरा का पूरा ग्रह शक्कर के एक दाने-सा समा सकता था

वे अभियंता हुए तो काली चमड़ी वाले मनुष्यों की हड्डियों से पुल बनाते रहे
वे डॉक्टर हुए तो मनुष्य की सबसे तेज़ मृत्यु कर सकने वाली दवा तलाशते रहे
वे प्रोफ़ेसर हुए तो भाषणों से निर्लज्ज इतिहास का बदन ढँकते रहे
वे कवि हुए तो भाषा से सत्ता की नाक पोंछते रहे
वे ऋषि या साधु हुए तो देखते ही देखते बलात्कारी में बदल गए
वे मंत्री हुए तो पूरी बेहयाई से हत्यारे हो गए
वे सदी के दुर्दांत हत्यारे हुए तो प्रधानमंत्री हो गए

वे वह सब कुछ हो गए जो मानव देह के लिए वीभत्स
और सभ्यता के लिए विनाश का कारण हो सकता था

वे आततायी स्वप्नयात्री थे
मेरे सपने में वे तैंतीस करोड़ मुँह वाले अजगर की शक्ल में आते रहते हैं

वे आख़िरी जन्म जितने नए हैं
वे पहली मृत्यु जितने पुराने हैं

वे मनुष्य योनि में हुए और मनुष्यता के मवाद की तरह जीते रहे
इसके अलावा मनुष्यों और उनमें एक ही नैतिक अन्तर था

मनुष्य, स्त्री और पुरुष के प्रेम-संसर्ग से उपजा था
और वे
सात समन्दर जितने बिच्छुओं के डंक को निचोड़कर इकट्ठा हुए
घृणा और विष-द्वेष से पैदा हुए थे।

खुल रहे ग्रहों के दरवाज़े

मैंने जिस मेज़ पर रखा अपना स्पर्श
उसी से आने लगी दो खरगोशों के सिसकने की आवाज़
हाथ से होकर शिराओं में दौड़ने लगीं गिलहरियाँ

मैंने जिस भी कमरे में किया प्रवेश
उसी से आई
कामगार पिताओं वाले बच्चों की जर्जर खिलखिलाहट

जिस हवा को पिया मैंने अभी कभी
उसी में आती रही मुझे पूर्वजों की पसिनाई गंध

होंठ के रंग को करते हुए कत्थई से लाल
जिस भी चुम्बन को जिया मैंने
उसी में बिलखती रही भगत सिंह की प्रेमिका

जिस भी फूल को चुना मैंने
तुम्हारे गर्वीले जूड़े में टाँकने के लिए
वही पकड़कर हाथ मेरा पहुँच गए मुर्दाघर

मैंने जिस भी शब्द को चुना
किसी से लड़ने के लिए
वही जुड़े हाथ कहने लगे मुझसे
क्षमा। क्षमा। क्षमा।

पार्श्व में नगाड़े बजते हैं

यह लोहार की भट्ठियों में काम कहाँ से आया
यह शमशीरों के खनकने की आवाज़ कैसी है

जो बूढ़े किसान सरकार की गोली खाकर मरे
आख़िर कहाँ गए एक साथ उनके जवान लड़के

वह अधेड़ आदमी
अपनी बूढ़ी बन्दूक़ को तेल क्यों पिला रहा

प्रदर्शन के लिए रखी तोपों का बदन
आख़िर टूटता है क्योंकर
तीरों पर लगा जंग क्यों छूटता है आज की शाम

ये कुछ औरतें क्यों ख़रीद रही हैं एक साथ
कफ़न और शौर्य के सामान

जाने तो क्या हुआ है आज कि
सभी हलों के फार

पिघलकर खंजरों में ढल रहे हैं

इस दौर में मैं एक साथ
उत्साह और भय से भरा हुआ हूँ

कोई बताएगा
सभी हिनहिनाते हुए घोड़ों का मुँह
देश की राजधानी की तरफ़ क्यों है?

ये देश उनका है

वे जो अधपके खेतों में
धूप का सही ताप पहुँचाते हुए दह गए

वे जो बस्ती-भर की प्यास की ख़ातिर
धरती में उतरे
और पाताल में बह गए

वे जो हमारे लिए बनाते हुए नया घर
नींव में मिट्टी की कमी महसूस कर
ख़ुद जवान इमारत की तरह ढह गए
ये देश उनका है

जो किसी वीरान अरहर के खेत में छोड़कर अपना बिलखता हुआ चाँद
प्रशांत आँखों से चले आए फाँसी के तख़्त तक
हमारे बेहतर कल का ख़्वाब लिए
ये देश उनका है

ओ अनन्त अय्याश लालसाओं के अमानुषों,

तुम जो देश को अपनी जागीर समझते हो

ओ हत्या-हवस के दम्भी देवताओं,
तुम जो सिंहासन के सन्तुलन के लिए हर बार
किसी पाये तले दबा लेते हो अनगिनत मानुष लाशें

तुम कि जिनका धर्म हत्या है
तुम कि जिनका व्यापार धर्म है
तुम कि जिनका इतिहास घृणा है

तुम इस देश के बाशिन्दे नहीं
तुम्हें इस देश से जाना होगा

ये देश उनका है

जो धूप में दह गए
जो पाताल में बह गए
जो फाँसी को गह गए।

हलफ़नामा

प्रेम में हम उतना ख़ुश नहीं रहे
बिछोह में जितनी झेली पीड़ा

अब बीता हुआ प्रेम
पुश्तैनी कर्ज का दु:ख है

समय के साथ बढ़ता ही जाता

मूल से अधिक चुकाया है सूद।

सूर्य के नदी में डूबने की भाषा में विदा

मैं जौनपुर में जन्मा और तुम सिमडेगा में
हम एक ही झंडे तले दो देशों में जन्मे

एक दिन नदी पार की धकधक वीरानी पर बैठे हुए
मेरी गोद से दूर होते हुए जब तुमने कहा—
जिसे तुम जंगल कह रहे हो वो मेरा घर है

तुम्हारी उस अर्थगर्भी रहस्यमयी मुस्कान से
मेरी आत्मा का आईना ताउम्र लड़ता रहेगा हंसदा
तुमने जिस महान करुणा से मुझे माफ़ किया था वह मुझे उम्र-भर मुलायम रखेगी
अपने घर की याद में गिरा तुम्हारा एक क़तरा चुप आँसू
मेरी ज़िंदगी-भर की चीख़ पर भारी रहेगा हंसदा

पैरों में मेमने की उछाल बाँधकर
कल परसों तक तुम चली जाओगी अपने घर की ओर
तब पिछले बरस की एक रात अँगुलियों से छूकर मेरी पीठ पर
तुम्हारे हाथों उगाये हुए जंगलों में तुम्हारा घर गुम हो जाएगा

तुमने कहा सिमडेगा में प्रेम कोई फल नहीं

जिसे खाया जाता हो
वहाँ यह एक फूल होता है
जिसे रोपना पड़ता है

अब जब कल-परसों तक तुम अपने इतने बड़े घर में गुम हो जाओगी
तब नहीं देख पाओगी कि
तुम्हारी एक छुअन-भर से लहलहा उठने वाला ये मन
न फल रहा न फूल
तुम कभी नहीं जान पाओगी कि सिमडेगा की पहाड़ी पर उतरी पूर्णिमा की ओट में
मेरे साथ तुम्हारी रति-केली की तमन्ना
मेरी कामेच्छा को उम्र-भर सताती रहेगी
और बरसों बाद भी स्खलित घुप्प अकेले में उठती
मेरी सिसकियों के ऐन बीचो-बीच तुम्हारे नाम की पुकार आती रहेगी हंसदा

हंसदा तुम मुझे इस निगाह से मत देखो जैसे देखा जाता है किसी को आख़िरी बार
जैसे निश्चित हार की लड़ाई में जाता हुआ सिपाही देखता है अपनी बीमार बच्ची को

हंसदा, हमारा प्रेम दो देशों की लड़ाई में क़ुर्बान नहीं होगा
वह सिमडेगा के जंगलों में फूलता रहेगा
जिसकी गंध बीच की दीवार पार कर एक दिन मेरे जौनपुर तक ज़रूर आएगी

तुमसे प्रेम के अपराध में मेरा देश लामबन्द होगा और अपनी पुरातन घृणा से मार देगा
देश की सुरक्षा के मद्देनज़र हुई मेरी हत्या की ख़बर सुनकर
तुम अपना हृदय जले हिरण की राख लपेटकर बिलख मत पड़ना
मेरी मृत्यु मेरे जंगल और तुम्हारे घर के फूल जितनी स्वाभाविक होगी

उस खोती हुई दिशा की बेला में आकाश को मृदंग बना लेना
और पहाड़ से उतरते हुए मद्धम आवाज़ में गाना अपने बाबा से सुना
वही लोकगीत

जिसमें एक फूल पहाड़ बनता है
पहाड़ जंगल बनता है
जंगल घर बनता है
घर को कुछ नहीं बनना होता है
क्योंकि घर घृणा के विरुद्ध होता है।

ओझौती जारी है

तपते तवे पर डिग्रियाँ रखकर
जवान लड़के ज़ोर से चिल्लाए—रोज़गार

बिखरे चेहरे वाली अधनंगी लड़की ने
हवा में ख़ून सना सलवार लहराया
और रोकर चीख़ी—न्याय

मोहर लगे बोरे को लालच से देख
हँसिया जड़े हाथों को जोड़
किसान गिड़गिड़ाया—अन्न

उस सफ़ेद कुर्ते वाले मोटे आदमी ने
योजना-भर राख दे मारी इनके मुँह पर
मुस्कुराकर कहा—भभूत।

चाय पर शत्रु सैनिक

उस शाम हमारे बीच किसी युद्ध का रिश्ता नहीं था
मैंने उसे पुकार दिया—
आओ भीतर चले आओ बेधड़क
अपनी बन्दूक़ और असलहा वहीं बाहर रख दो
आस-पड़ोस के बच्चे खेलेंगे उनसे
यह बन्दूक़ों के भविष्य के लिए अच्छा होगा

वह एक बहादुर सैनिक की तरह
मेरे सामने की कुर्सी पर आ बैठा
और मेरे आग्रह पर होंठों को चाय का स्वाद भेंट किया

मैंने कहा—
कहो कहाँ से शुरुआत करें?

उसने एक गहरी साँस ली, जैसे वह बेहद थका हुआ हो
और बोला—उसके बारे में कुछ बताओ

मैंने उसके चेहरे पर एक भय लटका हुआ पाया

पर नज़रअन्दाज़ किया और बोला—

उसका नाम समसारा है
उसकी बातें मज़बूत इरादों से भरी होती हैं
उसकी आँखों में महान करुणा का अथाह जल छलकता रहता है
जब भी मैं उसे देखता हूँ
मुझे अपने पेशे से घृणा होने लगती है

वह ज़िन्दगी के हर लम्हे में इतनी मुलायम होती है कि
जब भी धूप-भरी छत पर वह निकल आती है नंगे पाँव
तो सूरज को गुदगुदी होने लगती है
धूप खिलखिलाने लगती है
वह दुनिया की सबसे ख़ूबसूरत पत्नियों में से एक है

मैंने उससे पलट पूछा
और तुम्हारी अपनी के बारे में कुछ बताओ...
वह अचकचा-सा गया और उदास भी हुआ
उसने कुछ शब्दों को जोड़ने की कोशिश की—

मैं उसका नाम नहीं लेना चाहता
वह बेहद बेहूदा औरत है और बदचलन भी
जीवन का दूसरा युद्ध जीतकर जब मैं घर लौटा था
तब मैंने पाया कि मैं उसे हार गया हूँ
वह किसी अनजाने मर्द की बाँहों में थी
यह दृश्य देखकर मेरे जंग के घाव में अचानक दर्द उठने लगा
मैं हारा हुआ और हताश महसूस करने लगा
मेरी आत्मा किसी अदृश्य आग में झुलसने लगी
युद्ध अचानक मुझे अच्छा लगने लगा था

मैंने उसके कन्धे पर हाथ रखा और बोला—
नहीं मेरे दुश्मन, ऐसे तो ठीक नहीं है
ऐसे तो वह बदचलन नहीं हो जाती
जैसे तुम्हारे सैनिक होने के लिए युद्ध ज़रूरी है
वैसे ही उसके स्त्री होने के लिए वह अनजाना लड़का

उसने मेरे तर्क के आगे समर्पण कर दिया
और किसी भारी दुख से सिर झुका लिया

मैंने विषय बदल दिया ताकि उसके सीने में
जो एक ज़हरीली गोली अभी घुसी है
उसकी कोई काट मिले—

मैं तो विकल्पहीनता की राह चलते यहाँ पहुँचा
पर तुम सैनिक कैसे बने?
क्या तुम बचपन से देशभक्त थे?

वह इस मुलाक़ात में पहली बार हँसा
मेरे इस देशभक्त वाले प्रश्न पर
और स्मृतियों को टटोलते हुए बोला—

मैं एक रोज़ भूख से बेहाल अपने शहर में भटक रहा था
तभी उधर से कुछ सिपाही गुज़रे
उन्होंने मुझे कुछ अच्छे खाने और पहनने का लालच दिया
और अपने साथ उठा ले गए

उन्होंने मुझे हत्या करने का प्रशिक्षण दिया
हत्यारा बनाया

हमला करने का प्रशिक्षण दिया
आततायी बनाया
उन्होंने बताया कि कैसे मैं तुम्हारे जैसे दुश्मनों का सिर
उनके धड़ से उतार लूँ
पर मेरा मन दया और करुणा से न भरने पाए

उन्होंने मेरे चेहरे पर ख़ून पोत दिया
कहा कि यही तुम्हारी आत्मा का रंग है
मेरे कानों में हृदयविदारक चीख़ भर दी
कहा कि यही तुम्हारे कर्तव्यों की आवाज़ है
मेरी पुतलियों पर टाँग दी लाशों से पटी युद्ध-भूमि
और कहा कि यही तुम्हारी आँखों का आदर्श दृश्य है
उन्होंने मेरे क्रूर होने में ही मेरे अस्तित्व की जानकारी दी

यह सब कहते हुए वह लगभग रो रहा था
आवाज़ में संयम लाते हुए उसने मुझसे पूछा—
और तुम किसके लिए लड़ते हो?

मैं इस प्रश्न के लिए तैयार नहीं था
पर ख़ुद को स्थिर और मज़बूत करते हुए कहा—

हम दोनों अपने राजा की हवस के लिए लड़ते हैं
हम लड़ते हैं क्योंकि हमें लड़ना ही सिखाया गया है
हम लड़ते हैं कि लड़ना हमारा रोज़गार है

उसने हल्की मुस्कान के साथ मेरी बात को पूरा किया—
दुनिया का हर सैनिक इसीलिए लड़ता है मेरे भाई

वह चाय के लिए शुक्रिया कहते हुए उठा
और दरवाज़े का रुख़ किया
उसे अपनी बन्दूक़ का ख़याल न रहा
या शायद वह जान-बूझकर इसे वहाँ छोड़ गया
बच्चों के खेलने के लिए
बन्दूक़ों के भविष्य के लिए

उसने आख़िरी बार मुड़कर देखा तब मैंने कहा—
मैं तुम्हें कल युद्ध में मार दूँगा
वह मुस्कुराया और जवाब दिया—
यही तो हमें सिखाया गया है।

लड़ने के लिए चाहिए

लड़ने के लिए चाहिए
थोड़ी-सी सनक, थोड़ा-सा पागलपन
और एक आवाज़ को बुलंद करते हुए
मुफ़्त में मर जाने का हुनर

बहुत समझदार और सुलझे हुए लोग
नहीं लड़ सकते कोई लड़ाई
नहीं कर सकते कोई क्रान्ति

जब घर में लगी हो भीषण आग
आग की ज़द में हों बहनें और बेटियाँ
तो आग के सीने पर पाँव रखकर
बढ़कर आगे उन्हें बचा लेने के लिए
नहीं चाहिए कोई दर्शन या कोई महान विचार

चाहिए तो बस
थोड़ी-सी सनक, थोड़ा-सा पागलपन

और एक खिलखिलाहट को बचाते हुए
बेवजह झुलस जाने का हुनर

जब मनुष्यता डूब रही हो
बहुत काली आत्माओं के पाटों के बीच बहने वाली नदी में
तो नहीं चाहिए कोई तैराकी का कौशल-ज्ञान

साँसों को छाती के बीच रोक
नदी में लगाकर छलाँग
डूबते हुए को बचा लेने के लिए
चाहिए तो बस
थोड़ी-सी सनक, थोड़ा-सा पागलपन
और एक आवाज़ की पुकार पर
बेवजह डूब जाने का हुनर।

बहुत समझदार और सुलझे हुए लोग
नहीं सोख सकते कोई नदी
नहीं हर सकते कोई आग
नहीं लड़ सकते कोई लड़ाई।

हत्या-पुरस्कार के लिए प्रेस-विज्ञप्ति

वे कि जिनकी आँखों में घृणा
समुद्र-सी फैली है अनन्त नीली-काली

जिनके हृदय के गर्भ-गृह में
विधर्मियों की चीख़
किसी राग की तरह सध रही है सदी की भोर ही से

सिर्फ़ और सिर्फ़ वही होंगे योग्य इस पुरस्कार के

जुलूस हो या शान्ति-मार्च
श्रद्धांजलि हो या प्रार्थना-सभा
जो कहीं भी, कभी भी
अपनी आत्मा को कुचलते हुए पहुँच जाए
उतार दे गर्दन में ख़ंजर
दाग दे छाती पर गोली
इससे तनिक भी नहीं पड़े फ़र्क़
गर्दन आठ साल की बच्ची की थी
छाती अठहत्तर साल के साधू की थी

देश के ख्यात हत्यारे आएँ
अपना-अपना कौशल दिखाएँ
अलग-अलग प्रारूपों में भिन्न-भिन्न पुरस्कार पाएँ

मसलन
बच्चों की हत्या करें, चिकित्साधिकारी बनें
स्त्रियों की हत्या करें, सुरक्षाधिकारी बनें

विधर्मियों की लाशें क़ब्रों से निकालें फिर हत्या करें
मुख्यमंत्री बनें
देश की छाती में धर्म का धुआँ भरकर देश की हत्या करें
प्रधानमंत्री बनें

इच्छुक अभ्यर्थी हत्या-पुरस्कार के लिए
नि:शुल्क आवेदन करें और आश्वस्त रहें
पुरस्कार-निर्णय की प्रक्रिया में
बरती जाएगी पूरी लोकतांत्रिकता।

सोनतारा

बहुत चिपचिपाहट हो रही
घिन भी आती है इससे
मेरी आत्मा पर एक छिपकली गिर गई है, सोनतारा
मेरी कविताओं से पकड़कर इसे हटाओ

रात कितनी बाक़ी है अभी
अँधेरे में तुम्हारा चेहरा नहीं दिख रहा
यहीं आस-पास रहो
कैसा तो हलक़ सूख रहा है, सोनतारा
दो-चार नदी पानी पिलाओ

मैं किसी बहुत ऊँचाई से गिर रहा, मुझे थाम्हो तो ज़रा
मेरे माथे पर अपना हाथ फेरो
यहीं पास बैठो
रोशनी कील की तरह चुभ रही, सोनतारा
अपने होंठों से ये दिया बुझाओ

ये भेड़िए मेरे कमरे में कैसे आए
मेरे मेमने कहाँ सो रहे हैं
माँ से क्षमा कहना और कहना, कुछ कहना था मुझे
भाइयों को बिखलते हुए चुप कराना
और बहन से कहना, 'जब तेरे भाई की ज़ात में ही मोहब्बत थी तो
उस लड़की को कोसने का क्या मतलब!'
सोनतारा, देखो आलमारी से मेरे बचपने की उम्र गिर पड़ी

इस कमरे में मरे हुए जवान भाई की जलती लाश की गंध क्यों आ रही
इतनी रात गए, इतनी दूर से मुझे कौन पुकार रहा
फ़रिश्ते दरवाज़े पर खड़े हैं
अब उसे भी बुला लो, सोनतारा!
मेरा सिर अपनी गोद में उठा लो

सोनतारा, सोनतारा...तुम्हारा नाम क्या है?
यहाँ बहुत अकुलाहट है, बहुत बेचैनी, बहुत-बहुत घुटन
लो मेरी करुणा और न्याय के लिए अंत तक लड़ने का साहस
लो मेरी विरासत सँभालो, सोनतारा
मुझे इस देह से बाहर निकालो।

तुम एक औरत की हत्या का जश्न मनाते हो

जो तुम्हारे वर्ण और नस्ल की नहीं होतीं
तुम उन्हें राक्षसिन कहते हो

तुम एक ऐसी कथा रचते हो
जिसमें, जो कोई भी तुमसे सहमत नहीं होता
तुम उसकी हत्या को जायज़ ठहरा देते हो
इस तरह तुम एक औरत के जलाए जाने का जश्न मनाते हो

दरअसल, तुम हमेशा से यही करते आए हो
तुम हर उस औरत को जला देते हो
जो अपने हक़ और इंसाफ़ के लिए लड़ना चाहती है

तुम लगातार
एक बेईमान और दोगली संस्कृति को जन्म देते हो

तुम हत्या के जश्न से इतना शोर पैदा कर देना चाहते हो
कि अगली पीढ़ियाँ न सुन पाएँ एक झुलसती हुई औरत की चीख़

तुम इंसानी ख़ून पर हज़ारों रंग डालकर अपने किये को छुपाते हो
पर तुम नहीं जानते कि क़त्ल का लहू बोलता है

तुम हमेशा से यही करते आए हो
ख़ुद से प्रबुद्ध नस्लों की हत्या पर तुम अशर्फ़ियाँ बाँटते हो
तुम ख़ुद से तेज़ चलने वाले अँगूठे काट लेते हो
तुम सह नहीं पाते
एक बेख़ौफ़ और आत्माभिमानी औरत की मौजूदगी
तुम उसे जला देते हो

समय और सभ्यता के इस मुहाने पर
तुम अब भी उतने ही क्रूर, उतने ही क़ातिल, उतने ही अमानुष

अब भी तुम उतनी ही निर्ममता से फूँकते हो
मेरी माँ, बहन, बीवी, प्रेमिका या दोस्त को
सभ्यता के इस मुहाने पर अब भी तुम
एक औरत के जलाए जाने का जश्न मनाते हो।

अभिमन्यु फिर से घिर रहा है जानेजाँ

पिता बताने ही वाले थे आख़िरी व्यूह का तोड़
कि तब तक माँ को याद आई अगले दिन की भूख
उसी दम वह जाँत पर जा बैठी

आदिम लौह प्रस्तरों से घिरी है ये रणभूमि
गुज़रे हुए युगों में
अधिक मज़बूत और जटिल हुआ है हर दरवाज़ा

पर अनन्त कटे हुए अँगूठे
उसी आख़िरी दरवाज़े के बाद मिलेंगे

तमाम शूरवीर रणभूमि में इकट्ठा हैं
अभिमन्यु अब भी अकेला है

अभिमन्यु अकेला है
पर डरा नहीं है जानेजाँ

हज़ार बरसों में अभिमन्यु ने मृत्यु का अभ्यास किया है

तुम देखना सारे शूरवीर जब उसे
मरा हुआ समझ चले जाएँगे
तब वह ख़ून से लथपथ देह में
साँस भरेगा
धूल झाड़ उठेगा और भेद देगा सातवाँ दरवाज़ा

यह आख़िरी दरवाज़ा वह किसी रथ-चक्र से नहीं
जाँत के एक पाट से तोड़ेगा।

इस देश की नागरिकता की नयी अर्हताएँ

अपनी आत्मा को ख़ूब सुखा दो पहले
फिर अपनी रीढ़ की हड्डी निकालकर सौंप आओ
हत्यारों, आततायियों और धार्मिक उन्मादियों के हाथ

अपने मस्तिष्क में धर्म का धुआँ भर लो इस क़दर कि
तुम अपनी बेटियों, पत्नियों और माँओं के लिए
कुतिया, रंडी और छिनाल जैसे सम्बोधनों का समर्थन कर सको
और सोच सको कि
मेरा प्रधानमंत्री इसके समर्थन में है
तो अवश्य ही अपूर्व गौरव की बात है

अपने हृदय को
फूल से बच्चों की जली लाशों की राख से लीप लो
कर लो बिल्कुल मृत्यु-सा काले रंग में
और इन बच्चों की हड्डियों में
इस रंग विशेष का झंडा लहराकर
पूरे हृदय से भारतमाता को करो याद

अपने कानों में ठूँस लो हत्या-समर्थन के सभी तर्क-पुराण
और उन गला सुजाकर रोती माँओं की चीख़ को
भजन या राष्ट्रगान की तरह सुनो
जिनके ईश्वर जैसे बच्चे
स्कूल और अस्पताल से नहीं लौटे आज की शाम

जुबान को काटकर रख आओ सत्ता के पैरों पर
आँखों का पानी बेच आओ सम्प्रदाय की दुकान में
आने के पहले थोड़ा लाश हो जाओ
थोड़ा-थोड़ा हो जाओ पत्थर

फिर तो स्वागत है तुम्हारा इस देश में
एक देशभक्त और सम्मानित नागरिक की तरह।

लगभग फूलन के लिए

उसकी काया हाड़ और माँस से निर्मित थी
ऐसा लोग कहते हैं
वह सही-सही पत्थर और आग से बनी थी
ऐसा मैं महसूस करता हूँ

फूलन ने जब धरती को चूमा
तब वह फूल जैसी थी
करुणा के दो फूलों-सी आँखें
महकती हुई एक मुलायम मन वाली बच्ची

तभी तो माई ने नाम रखा, फूलन देवी

हाँ तो, एक दिन जब वह बड़ी हो गई
तो जात और दौलत का धतूरा खाये पिशाचों ने
उसकी आत्मा को उसकी हड्डियों से इतना घिसा
कि वह पत्थर हो गई

कुत्सित देवताओं का वरदान पाए अमानुषों ने
तिस पर भी नहीं माना
पत्थर हो गई फूलन को पत्थर से घिसा
इस तरह से तब फूलन आग हो गई

(कविता में कहना मुमकिन नहीं कि कैसे उसकी योनि को बैल की तरह जोता गया और स्तनों को चमार की तरह खटाया गया)

अब जब अय्याश ज़ुबानों के कथकहे फूलन को हत्यारिन कहते हैं
तब मैं पूछना चाहता हूँ गुजरात की नदियों में जिसने पानी की जगह ख़ून बहाया, वह कहाँ है
कहीं वह देश का नेतृत्व तो नहीं कर रहा?
मैं भोपाल और मुज़फ़्फ़रनगर पूछना चाहता हूँ
बाबरी और गोधरा पूछना चाहता हूँ
उन सभी हत्या-कांडों के बारे में पूछना चाहता हूँ
जो समाजसेवा की तरह याद किये जाते रहे हैं

और अब मैं तुम्हारे जवाब का इन्तज़ार किये बग़ैर
गर्व से सिंची आवाज़ और सम्मान से तना मस्तक उठाए
कहना चाहता हूँ

हाँ, वह हमारे इतिहास की बहादुर लड़ाका है
इस देश की आधी मर्द हुई आधी आबादी के बीच
वह पहली पूरी औरत है
एक औरत जो अपने हक़ के लिए लड़ना सिखाती है
एक औरत जो आत्मा के घाव भरना बताती है

बेशर्म कथकहों का क्या है
वे सच छुपाने के लिए चिल्लाकर कहते रहेंगे कि
उसकी काया सिर्फ़ हाड़ और माँस से निर्मित थी
और हम कविता में चुपके से अपनी बात छोड़ आएँगे

फूलन जन्मी तो फूल-सी थी
पर वह सही-सही पत्थर और आग से बनी थी।

यह कविताओं को खेतों में जोतने का समय है

प्रिय आयोजक!
उपकृत कर देने के दम्भ से लबालब आपका कविता पाठ का निमंत्रण मिला
शुक्रिया, पर क्षमा करें नहीं आ सकूँगा, अक्षम हूँ

नहीं, ऐसी कोई ख़ास व्यस्तता नहीं है, बस एक अधिक ज़रूरी काम आन पड़ा है
मैं मेरे कवि को लेकर एक विरोध-प्रदर्शन में शामिल होने जा रहा हूँ।

असीम पुरातन घृणा की जायी देश की सरकार ने
मेरे पाठकों और विरोधियों और नागरिकों से अपने ही देश की नागरिकता के सुबूत माँगे हैं

मेरा एक पाठक बेघर है, जिसके पुरखों को पिछली सरकार ने गोकशी के सन्देह में क़त्ल कर डाला था
मुझे उसके लिए जाना होगा

मेरा एक विरोधी है जिसके इकलौते तीन डिसमिल खेत के काग़ज़ात को ठाकुर ने जाति की आग में जला डाला था
मुझे उसके लिए जाना होगा

एक और शख़्स है जिससे मनुष्यता के अलावा कोई अतिरिक्त रिश्ता नहीं है
वह मुम्बई, कोलकाता, सूरत, नोएडा, कानपुर, बनारस, हैदराबाद कहीं भी
आपको दिख सकता है
अपनी नाज़ुक गुलमोहर-सी बच्ची की लाल चोटी के लिए
तीन रुपये के रिबन का मोलभाव करता हुआ
वह क़िसी भी नुक्कड़, किसी भी ठेले पर आपको दिख सकता है

अन्न की भूख मृत्यु को बहुत हरामी बना देती है
यह कविताओं को खेतों में जोतने का समय है

चिमनी से उठता काला धुआँ मजूर के परिवार के फेफड़े में काली खाँसी की
तरह जमता जाता है
यह कविताओं को कारख़ानों में नाधने का समय है

भूख के युद्ध से बची हुई शक्ल शहर की भीड़ में बंजारा हो जाती है
और सात समन्दर घृणा के विष से जन्मी सरकारें बंजारा होने को देश के
लिए ख़तरा बताती हैं
यही सही समय है कि मनुष्यता के हक़ में मेरी कविताएँ रक्तदान करें
यही सही समय है कि कविताएँ इस ग्रह पर मनुष्य की आदिम बाशिन्दगी के
हक़ में गवाही दें और अपने होने का मूल्य अदा करें

हर कविता भाषा के कोष से मनुष्य का लिया हुआ उधार है

जब कविताओं की सबसे ज़्यादा ज़रूरत सड़कों पर उतर आए मेरे साथियों
की थरथराती आवाज़ और तनी हुई मुट्ठी को है
तब आपके सभागार में कालजयिता के लोभ का पाठ करती हुई मेरी कविताएँ
बेहद अश्लील दिखाई पड़ेंगी महोदय
आपके निमंत्रण में दस हज़ार का वादा है

दस हज़ार से याद मुझे आता है—
पुश्तैनी पीड़ाओं के संग्रहालय उस मेरे गाँव में
ख़ून के रिश्ते से इतर मेरे एक चाचा थे
कहने को तो कमाने गए थे सूरत
पर सरकार की नालायकी छिपाने के लिए
ख़ून बेचकर घर इतना ही पैसा भेजा करते थे साल-दर-साल
वे तो नहीं लौटे, उनकी लाश लौटी
उनकी आठ साल की बेटी को चीख़-चीख़कर धरती की छाती फाड़ते हुए
मैंने देखा था श्रीमान
मनुष्य के ख़ून के साथ इससे भद्दा मज़ाक़ क्या हो सकता है महोदय

धार्मिक परिभाषाओं के इतर आत्मा नाम की एक चीज़ होती है
इसके पहले कि मेरा ईमान मेरी आत्मा को सत्तर चाक़ू गोदकर मार डाले
मुझे इस शान्ति-मार्च में जाना होगा
मुझे हर उस विरोध-मार्च में जाना होगा जहाँ कविताओं के बाहर इंसान का
निचाट बदन लाठीचार्ज झेल रहा है
जैसा कि पिछली सदी के एक कवि ने कहा था
मनुष्य कविताओं-फविताओं से बहुत बड़ा है श्रीमान

मनुष्य कविताओं से बहुत पहले का है
वह कविताओं के बहुत-बहुत बाद तक रहेगा
यही सही समय है कि मैं अपने कवि को लेकर
खेतों में नध जाऊँ
सड़कों पर उतरूँ और सरकार से लड़ जाऊँ
फिर फ़र्क़ नहीं पड़ता जीतूँ या मर जाऊँ।

बेहया के फूल

हम गलीच में पैदा हुए
गलीच में ही बढ़े और खिले भी
यानि
सबसे पुराने और सड़ चुके पानी को पिया हमने
उसी में जिया हमने

हमारे आसपास इतनी दुर्गंध थी कि
हम फूल होते हुए भी महक न सके
मगर खिलते रहे

जाने किन कोशिकाओं से बना था मन
जाने कितना जीवट था हमारे पुरखों के रक्त में
कि हमें बार-बार तोड़ा गया
उखाड़ा गया, मरोड़ा गया
और बार-बार फेंक दिया गया
इस गलीच से उस गलीच

मगर ये हम थे कि हर बार उग आए
हर बार खिल आए

हम फूल होते हुए भी महक न सके तो क्या
हममें एक ज़िद थी, दृश्य को सुन्दर बनाने की
और हमारे हर बार खिल आने का यही एक रहस्य था

हम किसी जूड़े में नहीं टाँके गए
हम किसी हार में नहीं गूँथे गए
हम किसी वेदी पर नहीं रक्खे गए
यहाँ तक कि हम फूलों में गिने भी नहीं गए

जबकि हम हमेशा से यहीं के थे
यहीं, इसी ग्रह, इसी धरती के।

ईश्वर को किसान होना चाहिए

ईश्वर सेनानायक की तरह आया
न्यायाधीश की तरह आया
राजा की तरह आया
ज्ञानी की तरह आया
और भी कई-कई तरह से आया ईश्वर

पर जब इस समय की फ़सल में
किसान होने की चुनौतियाँ
मामा घास और करेम की तरह
ऐसे फैल गई हैं कि
उनकी जिजीविषा को जकड़ रही है चहुँओर
और उनका जीवित रह जाना
एक बहादुर सफलता की तरह है
तो ऐसे में
ईश्वर को किसान होकर आना चाहिए
(मुझे लगता है ईश्वर किसान होने से डरता है)

वह जेल में
महल में
युद्ध में
जैसे बार-बार
लेता है अवतार
वैसे ही उसे
अबकी खेत में लेना चाहिए अवतार

ऐसे कि
चार हाथों वाले उस अवतारी की देह
मिट्टी से सनी हो इस तरह कि
पसीने से चिपककर उसकी देह का हिस्सा हो गई हो
बमुश्किल से उसकी काली चमड़िया
ढँक रही हो उसकी पसलियाँ
और उस चार हाथों वाले ईश्वर के
एक हाथ में फरसा
दूसरे में हँसिया
तीसरे में मुट्ठी-भर अनाज
और चौथे में महाजन का दिया परचा हो
(कितना रोमाँचक होगा ईश्वर को ऐसे देखना)

मुझे यक़ीन है ईश्वर महाजन का दिया परचा
किसी दिव्य ज्ञान के स्रोत की तरह नहीं पढ़ेगा
वह उसे पढ़कर उदास हो जाएगा
फिर वह महसूस करेगा कि
इस देश में ईश्वर होना
किसान होने से कई गुना आसान है

सृष्टि के किसी कोने
सचमुच ईश्वर कहीं है
और वह अपने अस्तित्व को लेकर सचेत भी है
तो फिर अब समय आ गया है कि
उसे अनाज बोना चाहिए
काटना चाहिए, रोना चाहिए
ईश्वर को किसान की तरह होना चाहिए।

हमारे चेहरों पर चीख़ों के धब्बे हैं

पिछली चौबीस रातों से मेरे स्वप्न में आने वाला
नालंदा की राजगीर पहाड़ी पर बलत्कृत स्त्री के यौनांग से रिसता ख़ून
और छह पुरुषों के लिंग से बहता सभ्यता का वीर्य
मेरे मष्तिष्क में मवाद की तरह जम रहा है

इतिहास हत्यारों के दलाल की तरह सच छुपाने का आदी है
वह कभी नहीं कहेगा कि आशीर्वाद पाकर और खीर खाकर गर्भवती हुईं स्त्रियाँ
वस्तुतः उन गलीज आत्माओं वाले महात्माओं और ऋषियों द्वारा बलत्कृत औरतें हैं

त्रिशूलधारी त्रिपुंडमंडित रक्तखोर इतिहास से मुझे उम्मीद भी नहीं
वह तो सदियों से नालंदा के राजगीर पर्वत पर बह रहा छः पुरुषों का वीर्य पोंछने में लगा हुआ है

तो क्या राजगीर के पत्थरों पर एक बलत्कृत स्त्री और उसके असहाय प्रेमी को छोड़कर हम चाँद पर चढ़ जाएँ?
फिर इतिहास हमें हत्यारों का दलाल कहेगा!
अरे भाड़ में जाए इतिहास

भाड़ में जाएँ हत्यारे
और भाड़ में जाएँ उनके दलाल

सवाल एक बलत्कृत स्त्री और क्षत-विक्षत हुई सभ्यता का है
सवाल ये है कि
इसे लेकर हम किस अस्पताल में जा सकते हैं
किस रसायन से धुल सकता है हमारे सूख चुके रक्त की शक्ल का पत्थरों पर
पड़ा यह सदियों पुराना दाग़
किस भाषा में, दुनिया की किस अदालत में दायर किया जा सकता है ये मुक़दमा?

अब समय आ गया है कि
सृष्टि के सभी प्राणियों, जंगलों, पर्वतों और नदियों की सामूहिक पंचायत से
यह तय कर लिया जाए कि
इस दुनिया में पुरुष रहेगा कि मनुष्य

मैं चौबीस दिनों से सुन रहा हूँ कि वह लड़की
मुझे कातर आवाज़ लगाए जा रही है
इतिहास के चंगुल में फँसा उसका प्रेमी
मुझे मेरे मनुष्य होने का वास्ता दे रहा है

स्वप्न और स्वप्न से बाहर
ये आवाज़ें दिन-रात मेरा पीछा करती हैं

इन दिनों मेरा बदन
क्रोध, हताशा, चिंता और शर्म से अक्सर थरथराने लगता है
और बारहा मैं महसूस करता हूँ कि ये आवाज़ें
सिर्फ़ चौबीस दिन से नहीं
बल्कि सदियों से मेरा पीछा कर रही हैं।

इतनी पीड़ा से भरा बैठा था

इतनी पीड़ा से भरा बैठा था कि
ज़रा अकेले की ओट लेकर किसी ने हाल-भर पूछा तो फफक पड़ा

इतना अपमानित हुआ था कि
दोस्त यार भी ज़रा नज़रअन्दाज़ कर गए तो अपमान समझा
और घर छोड़कर निकल आया

इतना ग़ुस्सा था कि बेवजह चौराहे के खंभे को धक्का दिया

इतना उदास था कि मुझ तक आने के रास्ते में ही
सूख गए सभी बसन्त

इतना अकेला था कि सन्नाटा बचकर निकलने लगा था मेरी परछाईं

और जैसा कि पहले भी कह चुका हूँ
इतनी रातों का जगा था कि
कई सदियों की नींद की दरकार थी मुझे।

संस्थापन भी एक यातना है

सब अपनी गति से चलता जाता है
सारी उदासियाँ, सारी हताशाएँ और पीड़ाएँ
आधी रात गए उठने वाली चीख़ें भी

सबकुछ ब्रह्मॉड के लिए अनन्त संगीत रचती हैं

मेरे बने रहने या गुज़र जाने से इस गति पर कोई फ़र्क़ नहीं पड़ता
वही ज़िम्मेदारी जैसी हँसी, थकान, सहायताएँ, चलाकियाँ, एकान्त में उठती-
गिरती प्रेम-इच्छाएँ
जीवन और मृत्यु का निर्भाव क्रम, किसी की याद और भीड़ में रो देना
सब अपनी जगह पर बने रहेंगे
मेरे साथ भी, मेरे बाद भी

मुझे एक मशीन की तरह
इन्हीं आँसुओं के समन्दर में तैरते हुए
हँसना है, जीना है, खीझना है, जीवन निभाना है

पर किसी रोज़

एक अजानी ख़ुश्बू या एक कातर पुकार की तरह उठूँगा धरती से
या मृत्यु जैसे जीवन को लात मारते हुए
किसी रोज़ किसी दुर्घटना में या किसी को सोचते हुए
मर जाऊँगा

किसी को जब तक मेरी मृत्यु की ख़बर मिलेगी
तब तक मेरी सारी बेचैनियाँ, सारी पीड़ाएँ
जा चुकी होंगी और किसी देह में।

सीरिया के मुसलमान बच्चे

अल्लाह के बाग़ान में जिन्हें
उधम कर दौड़ जाना था अगले आँगन
वे बम से फटी सड़क पर गला फाड़ रोते हुए
अपनी माँ के चिंथे स्तन चूम रहे हैं

जिन्हें इतनी बड़ी विशाल दुनिया को गेंद की तरह उछाल खिलखिला देना था
चहकते हुए
वे अपने घरों में भाई के जिस्म के टुकड़े बटोर रहे हैं

जिन्हें एक डोरी के सहारे पृथ्वी को खींचकर उठा लेना था हथेली पर
वे अपने संगियों की लाशों को झकझोर रहे हैं, अनन्त नींद से उठाने के लिए

सीरिया के मुसलमान बच्चे
जिन्हें अपने मुसलमान होने की भी ख़बर न थी
न ही कोई मतलब था सीरिया या अमेरिका के होने से

सीरिया के मुसलमान बच्चे अमेरिका की थाली में परोसे गए हैं

उनका गला फटा जा रहा है रोकर कि उनके अब्बू की सिर्फ़ जाँघ मिली
चिपककर बिलखने के लिए

सीरिया के बच्चे पाँव में अपनी लाश बाँध
बदहवास भटक रहे हैं अपने मोहल्ले के रास्तों पर

अमेरिका हँस रहा है

अमेरिका बहुत बड़ा देश है
अमेरिका राजा देश है
जैसे जंगल का सबसे खूँख़ार, क्रूर और बदमिज़ाज जानवर हो जाता है राजा

सीरिया के बच्चे आज भटक रहे हैं
सीरिया के आज से बचे बच्चे
एक रोज जवान हो जाएँगे
उनसे महात्मा के व्यवहार की उम्मीद मत करना

ये बचे हुए बच्चे एक रोज़ बड़े हो जाएँगे

वे ईश्वर का कलेजा चबा जाएँगे पलक झपकते ही
वे तुम्हारी आलीशान गगनचुम्बी इमारतों को एक फूँक से उड़ा देंगे
तुम्हारी परछाइयों तक की राख तक नहीं देंगे तुम्हारी पीढ़ियों को
वे तुम्हारे क़िले में घुसते ही ख़ून और पानी का भेद मिटा देंगे

ये लोरियों की उम्र में मर्सिया गाते हुए बच्चे
हर साँस में ज़हर पीते हुए बच्चे
हर चीख़ में मौत रोते हुए बच्चे

तुम देखना
एक दिन जवान हो जाएँगे
ये सीरिया के मुसलमान बच्चे।

क़त्ल का लहू बोलता है

अपने मनुष्यद्रोही पुरुषोत्तम महानायक के उद्दंड भाई की कमर से घृणा की
कटार निकालो और मेरी जीभ काट लो
ये जीभ रहेगी तब तक तो बोलता ही रहूँगा कि
तुमने जिस स्त्री की नाक को काटकर अपने हत्या-इतिहास की ख़ून सनी जेब
में रख लिया
वह मेरी पुरखिन थी और अब मुझे कथा और कविता से बाहर अविलम्ब
उसकी नाक न्याय की थाली में सही-सलामत चाहिए

इसके पहले कि अपने हक़ की लड़ाइ में मेरी तनी हुई मुट्ठी की मार से
मेरे पुरखों की हड्डियों को जोड़कर बनायी गई तुम्हारी हर इमारत धूल और
धुएँ में बदल जाए
रक्त-पिपासु, ज्ञान के ठेकेदारों से कहो कि मेरी अँगुलियाँ ही नहीं, समूचा
बाजू काट ले जाएँ
जब तक ये हाथ रहेगा तब तक
कुआँ खोदते सभ्यता के पाताल में गिरकर मर गए मेरे अनपढ़ बाबा को स्कूल
से भगाए जाने के विरुद्ध तनता रहेगा।

लेकिन नहीं, मैं ख़ूब समझता हूँ तुम्हारी विकसित हुई हत्या-तकनीकों को

तुम्हारी नवीन हो चुकी बदली हुई प्राथमिकताओं को

तुम्हें न मेरी जीभ चाहिए न बाजू
तुम्हें चाहिए सवाल करता हुआ और सोच सकने वाला मेरा यह सिर

यह सिर जो सोच सकता है कि तुम्हारी कथाओं में एक गर्भवती स्त्री का भूमि में समा जाने का अर्थ महान और पवित्र होता होगा
किन्तु सच्चाई किसी सरयू में नहीं बहाई जा सकती, किसी ज़मीन में नहीं गाड़ी जा सकती
सच्चाई हमारे इसी सिर में एक दिन उभरकर आ जाती है
कि स्त्री-योनि पर राज करने की पुरुषोत्तम अमानुषिकता
एक गर्भवती स्त्री को ज़िन्दा ज़मीन में गाड़ देने से बाज नहीं आती

इतिहास सिर्फ़ काग़ज़ों और क़िरसों में दर्ज नहीं होता
वह हमारे रक्त की सवारियाँ भी करता है
और एक दिन अधनींद के कान में बता जाता है उन पन्नों के बारे में
जहाँ हमारा क़त्ल हुआ, जहाँ चुपके से दफ़नाया गया हमें

अब तुम मेरी जीभ ले जाओ कि मेरा सिर
कि मेरे बाजू को काटकर अपनी कुर्सियों के पैर बनवाओ
सभ्यता के अँधेरे में क़त्ल हुए मेरे पुरखों के रक्त ने मेरे कान में फूँक दिया है और मैंने अपने वंशजों के कान में कह दिये हैं
मुक्तिकामी रहस्यों के तमाम भेद—

इतिहास के शस्त्रागारों से विचारों के हथियार लाओ
इकट्ठा होवो और अपनी धार मज़बूत करो
हमारी आवाज़ सटीक, तेज़ और दूरगामी होनी चाहिए
हममें से कुछ शहीद होंगे

पर याद रहे हमने भूख और भय से उपजी मौतों को चकमा दिया है
मगर शहीद होने के लिए कभी मत लड़ो
और अब उस तरफ़ कूच करो
जिधर हमारे पुरखों की लाशों के ढेर पर अश्लील भव्यता के क़िले खड़े हैं
जिधर हमारी अजन्मी पीढ़ियों को दफ़नाए जाने की योजनाएँ बन रही हैं

इस दौरान कभी मत भूलना कि
हमें इकट्ठे रहना है
हमारी आवाज़ सटीक, तेज़ और दूरगामी होनी चाहिए।

सभ्यता की अदालत में तटस्थता एक अपराध है

यदि आप हत्यारे के विरोध में होना नहीं चुनते
तो हत्यारे आपको अपना समर्थक मान लेते हैं

यदि आप भूखे का साथ नहीं देते
तो आप अय्याश सम्पन्नता के साथ हो जाते हैं

यदि आप मनुष्य होने के लिए नहीं होते लालायित
तो अमानुषों की सेना आपको गिन लेती है अपने में

यदि आप प्रेम को नहीं चुनते
तो घृणा आपको चुन लेती है

सभ्यता की अदालत में तटस्थता एक अपराध है

यदि आप नहीं खड़े होते स्वतंत्रता, समानता, न्याय और प्रेम के पक्ष में
तो तमाम मृत तर्कों के बावजूद
आप इनके विरोधियों में हो चुके होते हैं शामिल।

रुलाई

वह कभी भी आ सकती है
कहीं भी किसी भी बात पर
किसी को भी

बैठे-बिठाए अचानक से वर्षों पुरानी कोई बात
आँख में पानी की तरह चमक सकती है

उदास शाम की टेक लेकर
चौराहे पर सिग्नल खुलने के इन्तज़ार में खड़े
या पुश्तैनी पीड़ाओं के संग्रहालय गाँव में अपने
अधिया खेत से काटकर लाते हुए बरसिम
माँ की दशकों पुरानी थकान का अन्दाज़ा लगा
आ सकती है रुलाई

पहले दिन के स्कूल से लौटती हुई
दो हाथ के अमलतास के फूल-सी बेटी को देख
छलछला सकती हैं आँखें

या मुट्ठी-भर भात की भूख को हत्या की भीख में बदलते देश की
अय्याश और निर्मम सम्पन्नता देख
वह आ सकती है

होलिका दहन में शामिल होते हुए
हॉस्टल के कमरे में बैठे हुए बीहड़ अकेले को ओढ़
दोस्त को देते हुए प्रेम-विवाह की बधाइयाँ
मनरेगा से लौटे हुए बासठ बरस के बाबा का धुलाते हुए हाथ
कालीन पर लेटे हुए कालीन बीनते दिनों को याद कर
अपनी ही किसी कविता का करते हुए पाठ
(आवाज़ थरथरा सकती है, आँखें भरभरा सकती हैं)
मेट्रो में चढ़ते ही
वर्षों पहले गुज़र गए भाई की शक्ल का कोई लड़का देख
हवाई जहाज़ में उड़ते हुए बहन के विवाह की चिंता में
पहाड़ पर चढ़ते हुए
जंगल में घूमते हुए
नदी में तैरते हुए
मॉल में टहलते हुए
चाँद पर उतरते हुए
रुलाई कहीं भी, कभी भी और किसी को भी आ सकती है

कई बार वह नहीं आती है
जैसा होना है उसका आना, वैसे नहीं आती है
पिछले बरस चौंतीस की उम्र में चाचा जब मरे
तब दादा नहीं रोये
भीड़ को छाँट-छाँट बीच-बीच में देख जाते रहे
दरवाज़े पर नीम नीचे पड़ी जवान बेटे की लाश
वे बस चुप रहे, हमेशा के लिए चुप रहे

जब सब रोकर अपने जीवन में लौट आए
तब भी वे चुप ही रहे
भव्य अतीत के जर्जर खंडहर मानिंद
कभी-कभी राह चलते गिर जाते हैं और ख़ुद उठ नहीं पाते
कहने को कहा जा सकता है कि वे नहीं रोये

पर मेरे दोस्त
सच किसी गद्दार के दिल में
पचपन बर्छियों का छेद करता है

हम रोने के लिए कन्धा चुनते हैं
और इधर निर्लज्जता के नए-नए प्रतिमान
कोई कन्धे के लिए किसी का रोना चुनता है

हमारे आँसू तक गिरवी रखे जा चुके हैं

पड़ोसी की हत्या कर
सांत्वना बँधाकर
लाश को कन्धा देकर
करुणानिधि और प्रिय बना जा सकता है

भाषा को बेगार खटाने के लिए माफ़ी चाहूँगा दोस्त
कहना तो बस इतना-भर था कि
वह तो रुलाई है
वह कभी भी आ सकती है
कहीं भी, किसी भी बात पर

पर अपने ही क़त्ल के लिए
क़ातिल की कृतज्ञता पर रुलाई कभी नहीं आती।

देश का मौजूदा नक़्शा बनाता हूँ

एक पुराने पेड़ की नवेली डाल पर
फाँसी का फंदा बनाता हूँ
फिर उस पर सदियों पुराने खेतिहर किसान लटकाता हूँ
या फिर नक़्शा ऊपर से शुरू करता हूँ
जेल की शक्ल में कश्मीर बनाता हूँ
कश्मीर पर एक घृणित ताला लटकाता हूँ
    मेरी नींद का पहला पहर है
    देश का नक़्शा बनाता हूँ

ऐसा करता हूँ कि एक मन्दिर बनाता हूँ
मन्दिर में सभ्यता की आख़िरी बच्ची की गवाही दिलाता हूँ—
ईश्वर मनुष्य के मष्तिष्क का पहला कोढ़ है
देवता इसलिए देवता है कि उसने कभी बलात्कार नहीं झेला!
देश का मौजूदा पूरा नक़्शा अब भी नहीं बन रहा
अच्छा, एक जुलूस बनाता हूँ
इतिहास के क्रूरतम हत्यारों के पक्ष में नारे लगाता हुआ
सदी का सबसे अश्लील जुलूस बनाता हूँ
    मेरी नींद का दूसरा पहर है

देश का नक़्शा बनाता हूँ

एक पागल तूफ़ान, एक अन्धी आग की आँधी
गुजरात के पेट से निकलता हुआ एक वीभत्स भयानक अजगर
जिसे सब इतिहास में मरा हुआ मानकर निश्चिन्त थे
नक़्शे में उसे लाता हूँ
नक़्शे में कटे हुए पेड़ और जुते हुए जंगल बनाता हूँ
चमारों के घरों में आग लगाता हूँ
और लोकतंत्र को अधमरी मछली की तरह भूनकर खा जाता हूँ
मेरी नींद का तीसरा पहर है
देश का नक़्शा बनाता हूँ

इतने बीहड़ अँधेरे की ओट लेकर किसी ने चुरा लिए हैं मेरे बाक़ी के रंग
भगवा बचा है
मजबूरन इसी से बनाता हूँ
हथकरघा, हथौड़ी, पेड़, पक्षी और सुराही
कुदाल, क़लम, किताब, कहानी, विचार और संविधान
सबको भगवा से रँगता हूँ
हर किसी को भगवा पानी पिलाता हूँ
भगवा खाना खिलाता हूँ
सबकी रगों में भगवा ख़ून दौड़ाता हूँ
मेरी नींद का चौथा पहर है
देश का नक़्शा बनाता हूँ

नक़्शा अभी नहीं बना है
चारों नक़्शों को मिला भी दें तो
देश का मौजूदा नक़्शा अभी नहीं बना है

प्रधानमंत्री की आत्मा जितना काला घना अँधेरा है
पर नक़्शा तो बनाना होगा
कल की नई सुबह में
जब तुरही की तरह नई रौशनी को बजाता हुआ आएगा सूरज
उससे कुछ रंग और रौशनी उधार लूँगा

हर चीज़ को उसके सही रंग में रखूँगा
सच को चमकदार और झूठ को घोर स्याह दिखाऊँगा
विचार को पानी और पानी को पारदर्शी बनाऊँगा
पेड़ को हरा और दुख को नीला बनाऊँगा

इस तरह देश का सही-सही नक़्शा बनाऊँगा।

तुम्हारी जाति ही है दोस्त

तुम्हारी चाल पर उसका असर है
जब तुम धरती को दो इंच धँसाते हुए क़दम रखते हो
और महसूस करते हो ख़ुद को धरती से दो फ़ुट ऊपर
तो तुम्हारी देह की भौतिकी में
जमींदारी और पवित्र महान ब्राह्मण होने का दम्भ
झुनझुने की तरह बजता है
जिससे मुझे मेरे पुरखों की चीख़ें सुनाई पड़ती हैं

तुम्हारी जुबान पर बैठा हुआ
तुम्हारे पूर्वजों के दुराचारों का स्वाद
तुम्हारी भाषा को लिजलिजी और मौक़ापरस्त बनाता है
तुम्हारी जाति ही है दोस्त
तुम्हारी त्वचा पर भभूत की तरह चिपकी हुई
जो तुम्हें बहुत अश्लील बनाती है

तुम सच को सच की तरह नहीं कह पाते
नहीं कह पाते झूठ को झूठ की तरह
तो यह साहस की कमी का मसअला नहीं है दोस्त

तुम्हारी जाति ही है
जो हर बार आड़े आ जाती है

इसमें तुम्हारा कसूर नहीं है
यदि तुम इस सदी के सबसे ख़ूँख़ार हत्यारे को
करुणा से सराबोर देखकर रो देते हो
और एक सामान्य-सा तर्क नहीं कर पाते हो कि
सभ्यता की जिन लाशों पर चढ़कर उसने कुर्सी पायी है
उसे उनकी याद भी आती है या नहीं
तुम्हारी जाति ही है दोस्त
जो तुम्हें इस तरह सोचने से रोक देती है
और तुम्हें उस महान हत्यारे के पक्ष में ला खड़ा कर देती है

तुम्हारी जाति ही है कि
धन्ना धोबी और मुनमुन मुसहर की लड़की को स्कूल जाते देख
तुम चिंतित, दुखी और उदास होकर हँसते हो
या न्याय, समानता और अधिकारों की बात करते चमार कवि से
उसकी हर बात पर खीझते हो
आक्रोश की भाषा को वैदिक व्याकरण से ख़ारिज करते हो
और किसी लड़ाके को देख
मुस्कुराते हो स्खलित व्यंग्य की मुद्रा में

यह अनायास ही नहीं है कि
तुम्हें अपनी ही जाति में प्रेम होता है
भावना की अतल सतह पर जमी हुई काई-सी
यह तुम्हारी जाति ही है दोस्त

जाति ने तुमको चुना था

पर तुम मनुष्य होना चुन सकते थे
और ऐसा करने वाले तुम पहले या आख़िरी व्यक्ति भी नहीं होते
पर कितनी गलीज़ सच्चाई है दोस्त
मेमने के ख़ून का स्वाद चख चुका भेड़िया
मेमने की चीख़ के पक्ष में हर तर्क पर हँसता है
बस यही तुम्हारी हँसी
और मेमने की गुर्राहट पर
अपने पुरखों की अमानुषिक महानता के पक्ष में लाए गए हज़ार तर्क
तुम्हें मनुष्य होने से रोक देते हैं

तुम्हारी जाति, तुम्हारी जाति ही है दोस्त
जो तुम्हें बार-बार मनुष्य होने से रोक लेती है।

बहुत मामूली-सी चीज़ें चाही थीं उन्होंने

मेरे पुरखों ने एक छत चाही थी
धूप, सर्द और बारिश से जो छुपा सके सिर
बच्चे जब थरथराते थे ठंड में
तो पिता की आत्मा कटी पतंग-सी काँपती हुई गिरने लगती थी पीड़ा के
महासागर में

खेत का इतना-भर टुकड़ा चाहते थे वे
कि मुट्ठी-भर भूख की मक़तलनुमा हवेली पर बँधुआ हुए बग़ैर
परिवार को ज़िंदा रखा जा सके
और न्यूनमत आत्माभिमान का सौदा कर लाए गए अन्न से
बच्चों की क्रूरतम मृत्यु को स्थगित किया जा सके

जबकि वे जानते थे, मनुष्य के नंगेपन के आगे देह का नंगापन कुछ भी नहीं,
फिर भी
बच्चों का, बीवी का तन ढँक जाए
कि सभ्यताएँ बची रह जाएँ नंगी होने से
इतना-भर कपड़ा चाहा था मेरे पुरखों ने

कुछेक थे जिन्होंने इन सबसे उबरकर एक देस चाहा था
कोड़ों से क़त्ल हुए बग़ैर जिसे वे अपना कह सकें

पर धर्म की आग पर पके अजन्मी पीढ़ियों के गर्भ-शिशु खाए शराबी की उल्टियों की तरह
तुम्हारी सभ्यता सदियों दूर से गंधाती है मुझे

मैं देखता हूँ कि वहाँ, अय्याश इतिहास के कोटरों में
अकूत अनाज सड़कर बजबजा रहा है
सड़ी सभ्यता के संग्रहालय में रखी वह जड़ीदार शेरवानी
मेरे पुरखों की हड्डियों से बनायी गई है

एक भूख सदियों से मेरा पीछा करती है
एक आदिम कराह सीने में सारंगी की तरह बजती रहती है
तुम ध्यान से देखोगे तो
तुम्हें मेरी पीठ पर कोड़ों के हज़ार निशान मिलेंगे
माँ कहती है जन्मजात हैं ये निशान

भूख-भर अन्न
धूप-भर छत
प्यास-भर पानी
बहुत मामूली-सी चीज़ें चाही थीं मेरे पुरखों ने
पर घृणा के मवाद का खाद पाकर लहलहाती हुई तुम्हारी सभ्यता ने उन्हें
भूख में डुबोकर मारा
पानी से बाँधकर मारा
इतिहास की छत बनवाई और छत में चुनवाकर मारा।

करुणा की ठिठोली से झूलता देहयात्री था प्रेम

—तुम कहते हो तुम्हारी पीठ पर जन्म के पहले से ही हज़ार कोड़ों के निशान हैं?

—हाँ हैं, ये कोड़े मेरे पुरखों ने खाये थे

—अपनी शर्ट उतारो, मुझे देखने हैं

—तुम हँस सकती हो पर शर्म आती है मुझे

—बकवास मत करो, उतारो भी

—पीछे मुड़ो...अब तुम इन्हें देख सकती हो

—अरे हाँ! ये निशान सच में हैं; रुको, रुको इन्हें छूने तो दो ज़रा

—तुमने मेरी नंगी पीठ देखी, अब तुम भी मुझे अपनी नंगी पीठ दिखाओगी

—माँ कहती है अपनी आँखों से अपने घाव नहीं देखने चाहिए, पीड़ा बढ़ती है।

कुछ लड़ाइयाँ अटल और अनिवार्य होती हैं

कुछ लड़ाइयाँ अटल और अनिवार्य होती हैं
जिन्हें हमारे पुरखे
या तो हारे होते हैं
या लड़े नहीं होते
वे मृत्यु की तरह अटल और अनिवार्य होती हैं

घृणा और बदले के सिंहासन पर बैठी सरकारें
अपनी कारुणिक विनम्रता में भी
क़त्लेआम की शांति-व्याख्याओं की हद़ तक निर्मम होती हैं

फिर यहाँ तो सामूहिक हत्याओं को भी
सदी के विकास-क्रम का अनिवार्य चरण बताया जाता है
मुसोलिनी और हिटलर, इदी अमीन और पॉल पॉट
बहुत कम हत्यारों को राज करने का दुयोग होता है
पर जब होता है तो देश को मक़तल में बदलते देर नहीं लगती

तब सड़कों, आँगनों और दिमाग़ों में
खेतों, जंगलों और विश्वविद्यालयों में

संसदीय नीति-पत्रों और पुस्तकालयों में
चारों तरफ़ ख़ून ही ख़ून पसर जाता है
सभ्यता के कोढ़ की तरह जन्मे हत्यारों को देशभक्त के तमग़े से नवाज़ा जाता है
शांति-दूतों की तस्वीरों से पुनर्हत्या का किया जाता है अभ्यास
तब मानवद्रोहिता और अमानुषिकता की एक प्रतियोगिता शुरू होती है
जिसमें बहुत बड़ी आबादी निकृष्टतम होने के लिए गिरती चली जाती है

पर इसी बीच कुछ जिन्दा-ज़ेहन लोग निकलते हैं अपनी देह से बाहर
और सरकार की गोली खाकर मरी सन्तान की ताज़ी चिता से उठा लाते हैं
मुट्ठी-भर आग
सीने में छिपा लेते हैं प्रमथ्युस की विरासत
और आग को जिलाए रखने के मुहावरे से बाहर लाते हैं

दोस्तो! बहुत काम की चीज़ होती है आग।
जाति का ज़हर ज़ेहन में चढ़ जाए तो
लगा दी जाती है चमारों की बस्तियों में
बलात्कारियों के हत्थे चढ़ जाए तो
फूँक दी जाती है चीख़ती हुई औरत
यह धर्म-शास्त्रों में शस्त्र की तरह फैलती है
और राख हो जाता है मुहल्ला, पुरवा, प्रदेश
आग का प्रयोगधर्मी हत्यारा यदि हो जाए प्रधानमंत्री
तो धू-धू कर जलने लगता है पूरा देश
तब आग जंगल की तरफ़ से नहीं संसद की तरफ़ से फैलती है

पर नहीं दोस्तो!
आग रोटी भी पकाती है
अच्छे दिनों की तमन्ना
दुर्दिन में आग बनकर उभरती है और इंसान को बेख़ौफ़ कर देती है

तब आग को जिलाए रखने के मुहावरे से बाहर लाकर
मनुष्य ललकार कर लड़ जाता है हत्यारों से, सरकारों से
फिर वह हक़ और हक़ूक़ के लिए जिरह नहीं करता
सामने से आती हुई सरकार की गोली को चूम लेता है
क़ैदख़ानों में यारों के साथ मुक्ति-गीत गाता है
तानाशाह की बौखलाहट पर हँसता है
और हँसते हुए फाँसी तक चढ़ जाता है

वह बहुत अच्छे से जानता है कि
यह लड़ाई वह नहीं लड़ेगा तो उसकी आने वाली पीढ़ियों को लड़नी होगी
और तब तक बहुत देर हो चुकी होगी

वह बहुत अच्छे से जानता है कि
कुछ लड़ाइयाँ मृत्यु की तरह अटल और अनिवार्य होती हैं।

यह लड़ाई एक दिन

यह लड़ाई एक दिन हत्या तक जाएगी
और तब तुम नहीं कह सकते
कि हत्या एक मनुष्यविरोधी क्रिया है

एक दिन सभी कौवे सरेआम गिद्धों का सिर चबा जाएँगे
अपना निवाला छीनने के अपराध में

हम आदम हड्डियों से खेलकर बड़े हुए हैं
हम चमार हैं
हम लोहे की गेंद खेलकर बड़े हुए हैं
हम लोहार हैं
हमारी आँख में पानी और रक्त में आग एक मात्रा में है
हम तेज़ाब के समन्दर पर दौड़ सकते हैं
भूख को चबाकर सो सकते हैं
और इसी अभ्यास की बदौलत

एक दिन पूरे कुनबे समेत अपना हक़ और ज़मीन
इस सरकार या न्यायालय से माँगेंगे नहीं

हम उसे छीन लेंगे

हम तलवार की धार पर चलकर आएँगे
बन्दूक़ की गोली पर चढ़कर आएँगे
तेज़ाब की भाप पर चढ़कर आएँगे
मगर यह तय है कि हम आएँगे

और यह लड़ाई एक दिन हत्या तक जाएगी ही
और तब तुम नहीं कह सकते
कि हत्या एक मनुष्यविरोधी क्रिया है।

रक्तबीज

कौन नहीं जानता कि इतिहास और गाथाएँ उनकी होती हैं
जिनके एक हाथ में क़लम
और दूसरे हाथ में विरोधियों का कटा हुआ सिर होता है

ऐसे में रक्त-चूषकों की कथाएँ क्यों बताएँगी कि रक्तबीज कौन था
और इतिहास के किस पन्ने पर छटपटा रहा है उसका कटा हुआ सिर

कथा कहती है रक्तबीज को वरदान था कि
उसके लहू का एक भी क़तरा अगरचे गिरता है धरती की कोख पर
तो उतना ही विराट, उतना ही विस्तृत दूसरा रक्तबीज पैदा हो जाएगा वहीं,
उसी दम
यानि कि रक्त की हज़ार बूँदें हज़ार रक्तबीजों को जन्म देती रहेंगी

रक्त-चूषकों, आततायी बुर्जुआ देवताओं की नौकरानी हुईं दुर्गा
जब नहीं कर पाईं रक्तबीज का सामना
तब काली चंडिका की क्रूर वीभत्स माया को रच डाला और काली पी गई
रक्तबीज का आख़िरी क़तरा-क़तरा ख़ून

यह कथा यहीं पर उसकी हो जाती है जिसके एक हाथ में क़लम और दूसरे में रक्तबीज का कटा हुआ सिर है

पर सच की आदत है
वह सदियों, भाषाओं और सभ्यताओं को पार कर चुपचाप
किसी रोज़ उभरता है ज़िद्दी दूब और बेहया के फूल-सा

रक्तबीज का एक आख़िरी क़तरा लहू
चंडिका की आत्मा से होते हुए ज़मीन पर गिर पड़ा था
मैं उसी रक्तबीज का वंशज हूँ

तब से लेकर आज तक दुनिया में जो कहीं भी, कभी भी
रक्तचूषक, आततायी, अन्यायी की आँखों में आँखें डालकर
अधिकार, न्याय और समानता के लिए
बेधड़क लड़ जाता है
रक्तखोरों के ख़िलाफ़ सदियों पार से जुलूस जुटाकर
राजमार्ग की तरफ़ बढ़ जाता है
प्राण को अपनी देह के हरेक क़तरे में बाँटकर
बुर्जुआ देवताओं की छाती पर चढ़ जाता है
वह रक्तबीज का वंशज है

कथा को ऐसे भी समझें कि
रक्तबीज देह की नहीं रक्त की सवारी करता है
जिनके पुरखे किसी अन्याय और शोषण के विरुद्ध लड़ते हुए क़त्ल हुए
उनके नवके उस लड़ाई को लड़ते रहे

कथा के इसी अर्थात में

मेरे बाबा रक्तबीज के वंशज थे
मैं रक्तबीज का वंशज हूँ
मेरी पीढ़ी रक्तबीज की वंशज होगी।

मृत्यु और सृजन के बीच एक प्रेम-कथा

रे रंगरेजिन रे
छू ले कर दे चंदन ये तन
सुन ले कर दे रूई सा मन
रे रंगरेजिन रे

कहते हैं जब वह सफ़ेद हिरन
उस गुलाबी हिरनी को सौंपकर अपना घुटना
आवाज़ में आँखों की पूरी आर्द्रता घोलकर
गाता था यह गीत तो

राजा का सिंहासन थरथराने लगता था
कानों में रेंगने लगते थे मगरगोह
अँगुलियाँ गलकर गिरने लगती थीं मोम-सी
बदन को चाटने लगते थे काले साँप

आख़िरश एक दिन राजा के सैनिक
भालों और बर्छियों पर टाँगकर उठा लाए हिरनी को

हिरनी की आत्मा भूनकर खा गए मंत्रीगण
और हिरन को डुबोकर मारा जंगल की नदी में

सुनने वाले कहते हैं
साँस के आख़िरी छोर तक गाया था हिरन ने वह गीत

रे रंगरेजिन रे
छू...चंदन...तन
सुन ले...रूई...मन

हिरन की देह को तो खा गईं स्मृति की मछलियाँ
पर उसका हृदय पानी में घुल गया
नदी का पूरा पानी हो गया हल्का गुलाबी

नदी का पानी जंगल के और जन पीते रहे कुछ दिन
पर अचानक यूँ ही एक रोज़
एक खरगोश ने गाया एक बाघ के लिए वह गीत
फिर तो, भेड़िये मेमनों के लिए
मोर साँपों के लिए
शेर जिराफ़ों के लिए
सबकुछ भूलकर गाने लगे वह गीत

रे रंगरेजिन रे...

जैसे-जैसे गीत के स्वर जंगल के बाहर आए
राजा की साँसें फूलीं और वह मर गया
सिंहासन तड़तड़ाकर टूट गया खंड कई
क़िले की मेहराबें बालू की तरह ढह गईं

दफ़्न हो गए सभी सिपहसालार
मरघट हो गया पूरा का पूरा राज्य

सुनने में आता है कि उस तारीख़
देर रात तक जंगल से आती रही एक गीली आवाज़

जैसे अपने पूरे वजूद को रोककर कंठ अपने
जीभ पर रखकर प्रेमिका की लाश
भरभराये स्वरों में फफकते हुए
गाता रहा कोई विरही अगले भोर तक.

रे रंगरेजिन रे
छू ले कर दे चंदन ये तन
सुन ले कर दे रूई सा मन
रे रंगरेजिन रे...

सपने की मुश्किल

मेरे सपने में एक नाव थी
जिस पर सवार होकर
मैं तुम्हें भगा ले जाता था

पर हर सपने की एक ही मुश्किल थी

किनारे लगने के पहले

नींद टूट जाती थी
नाव डूब जाती थी।

बसन्त आ गया है और मुझे किसी का इन्तज़ार नहीं

यह सोचना मेरे रक्त में सफ़ेद बालू घोल देता है कि
बसन्त आ गया है और मुझे किसी का इन्तज़ार नहीं

मैंने जिस फूल की कली को चूमकर देवताओं को मुँह चिढ़ाया था
वह हवा के साथ चली गई

जिन रातों को बिताया था उसकी नंगी कमर को ताकते हुए
उन सबका अँधेरा मेरे कमरे के दरवाज़े पर आवारा कुत्ते की तरह बैठा रहता है

अब कैसा तो मुर्देपन की भूमिका से भर गया हूँ कि एक शख़्स मेरा हक़ मुझे नहीं दे रहा
और मैं इसके लिए चुपचाप इन्तज़ार कर रहा हूँ
जबकि मेरी आँखों में निरंतर धधक रहे मेरे परिजनों की लाशें गवाह हैं कि
कितनी ही बार मैंने मृत्यु के हलक़ से अपने जीवन को छीन लिया और वह लड़खड़ाकर नर्क में गिर पड़ी है

उद्विग्नता का साँप गले में नहीं बदन में दौड़ता है
उदासी की नदी आँख के आँगन से होकर गुज़रती है

सूनापन नींद तक पीछा नहीं छोड़ता

यह बसन्त का लहलहाता हुआ मौसम
खिलते हुए कँटीले फूल
यह चिड़ियों के ब्याह का लाजवाब मौसम

मुझे इस विचार ने आश्चर्यजनक मुश्किल में डाल दिया है कि
बसन्त आ गया है और मुझे किसी का इन्तज़ार नहीं

न सुबह का, न भूख का
न प्रेम का, न न्याय का
न घृणा का, न शांति का
न जीवन का, न मृत्यु का

अभी तो मैं बस
एक लाचार लड़की के हाथों जंगली नदी की निर्जन धारा पर छोड़ा गया
प्रार्थनाओं का दीप हूँ
इसी बीच मझधार में
गूलर के सूखे पत्ते पर हिंडोले खाता बसन्त आ गया है
और मुझे किसी का इन्तज़ार नहीं।

रक्त-कुंड में एक कमल-दल

बहुत दिन बीत गए नहीं छुआ तुम्हारा तपा हुआ तन
नहीं चूमा तुम्हारा मेहनती मन
नहीं निहारी करुणा से भरी वो दो नीलम आँखें

औरतों और बच्चों की लाशों से चुनी दीवार पर पीठ टिका
रोकर सूज चुका बाँहों में अपना हृदय दबा
मैं बेहद थका हुआ उदास बैठा हूँ

मैं नहीं जानता अपने रोने की सही-सही वजह

सोता हूँ तो सपने में
वही पहचाना-सा अधेड़ सफ़ेद दढ़ियल प्रेत आता है
जगता हूँ तो बेतरह आती है तुम्हारी याद

हर कौर का खाना बेस्वाद और ऊब से भरा होता है
हर स्नान आत्मा पर कीचड़ लीप जाता है

जब आँखें अभिशप्त हैं मृत्यु तक खुली रहने के लिए

मैंने तमाम पीड़ाओं से गुज़ारिश की थी
कि अब मुझे अचेत करें

पर पगलाई भीड़ से भागती एक नंगी औरत की उम्मीद
एक मरी बच्ची का ख़ून सना फ्रॉक
बाबा के पसीने पर पड़ता हुआ डाका
और तुम्हें प्यार करने की अनन्त लालसा ने
मुझे ज़िन्दा रखा है

ये माह-माह भर की लम्बी दूरी
हम आदिम मन वाले मनुष्यों के लिए ठीक नहीं
बहुत भीषण क्रूरता और भव्य निर्ममता से भरा कठिन समय है साथी

देर हुई, चली आओ
कि इस हृदय की आर्द्रता के लिए बहुत ज़रूरी है
तुम्हें छूना, चूमना और देखना

बहुत दिन बीत गए नहीं छुआ तुम्हारा तपा हुआ तन
नहीं चूमा तुम्हारा मेहनती मन
नहीं निहारी करुणा से भरी वो दो नीलम आँखें।

नर्क-विस्थापन की प्रस्तावना

जैसा कि तय हुआ था
वक़्त आने पर बाख़ुशी
हम दोनों अलग-अलग दिशाओं को चले जाते
कड़ी धूप को सोखकर खिलते हुए
ज़िद्दी पलाश से साथ की याद लिए
हम दोनों अलग-अलग दिशाओं को चले जाते

पर वादे के मुताबिक़ कुछ न हुआ
मैं नदी के कच्चे किनारे-सा कटता चला गया
हर रोज़ भसकती चली गई आत्मा की मिट्टी

कभी रात-भर रोया और मन न भरा तो
दिन-दुपहरी स्मृतियों के सभी पाट खोल दिए
पूरा कमरा डूबता चला गया गहरे पानी में

भयानक यातना में तब्दील हो गईं नींदें
अक्सर रात गए छटपटाकर सपने से बाहर निकला तो
तकिए से चीख़ का गला घोंटता रहा देर तक

किसी से मिला तो
मुस्कुराकर भरोसा दिया कि ठीक हूँ

किसी-किसी भोर में ख़ुद से डरकर भागा तो
मसान में जाकर रुका
और एक जवान लाश को जलते हुए देखता रहा आख़िर तक

आत्मा छिलती चली गई दिनों-दिन
हृदय सूखता चला गया
मष्तिष्क की नसें तनती चली गईं गिटार के तार-सी
सिर पहाड़ की तरह होता चला गया भारी
और अब

आत्महत्या के मुहाने पर खड़ा
मैं मृत्यु का अनुवादक हूँ

तुम भी कहोगी, बुरा, बहुत बुरा हो रहा
मैं भी सोचता हूँ ऐसा तो कुछ नहीं होना था

वादे के मुताबिक़
ज़िद्दी पलाश से साथ की याद लिए
बाख़ुशी
हम दोनों अलग-अलग दिशाओं को चले जाते।

कुम्हार के हाथ से

यही सही समय है
जगत की पुनर्रचना की
मुनादी पिटवाकर
इसी दम
सृष्टि की सभी कार्यवाहियाँ स्थगित की जाएँ

ग्रहों को ठहर जाना चाहिए जहाँ के तहाँ

चींटियो, अब गह लो पाताल की नींद
ध्वनियो, सन्नाटा रचो
अर्थो, वापस आओ अपने शब्दों में
पीड़ाओ, मुझे अचेत करो

जंगलो, पर्वतो, आसमानो
नए आकार के लिए पिघलो

मनुष्यो, अपनी देह से बाहर निकलो

यही सही समय है
मनुष्यता की पुनर्रचना की
मुनादी पिटवाकर
इसी दम
मनुष्य की सभी कार्यवाहियाँ स्थगित की जाएँ।

वे सारे मेरे अपने हैं

जो सभ्यता के इतिहास में अवर्णित रहे
जिनका होना, न होने से बिल्कुल भी अलग नहीं रहा

जो हवा और पानी की तरह चुपचाप अपने काम पर गए
और वापस लौटकर गुम हो गए ब्रह्माँड के किसी कोने में
जिनका उल्लेख भाषा में कहीं भी नहीं पाया जा सकता

इतिहास जिनके नामों की पीठ पर लदकर हम तक आता है
वे उनके सिपाही हुए
हरक्यूलिसों और अशोकों की निर्मम महानता के लिए
उनकी हवस के लिए
लड़े और बेनाम दफ़्न हो गए युद्धभूमि की कोख में
वे सारे मेरे अपने हैं
जिनकी मृत्यु का मुआवज़ा अदद दो आँसू की मेहरबानी के लिए तरसता रहा

इतिहास जिन्हें विराट शौर्यजीवी योद्धा कहता है
उनकी ज़मीन की तरफ़ देखिए
वे मेरे पुरखों की लाशों के ढेर पर खड़े हैं

साफ़ और सम्मानजनक प्यास को घाव-भरी पीठ पर लादकर
वे जीवन-भर भटकते रहे
बैलों की तरह जुतते रहे बैलों के साथ
और बैलों से कम मजूरी मिली जिन्हें
बैलों के गोबर से जिन्होंने रोटियाँ बनाईं

जो ताजमहल बनाए और क़त्ल हो गए
जो भूख-भरी थाली को बगल खिसका
किसी पुरवासी का छप्पर उठाने के लिए दौड़ गए बेशर्त
वे सभ्यता की सड़ चुकी लाश को कन्धे पर लाद
गाथाओं की मुर्दहिया तक पहुँचाते रहे

वे सारे मेरे अपने हैं।

वे ज़्यादातर श्यामवर्णी मेहनतकश बलिष्ठ हुए
इतिहास ने उन्हें राक्षस कहा और वध किया
पहाड़ की मानिन्द कठोर और रुई की तरह मुलायम
पूँजी के अभाव में सीने में पल रही मृत्यु को छिपा ले गए
और पीढ़ी की पहली स्कूल जाती बेटी की लाल चोटी पर फ़िदा होकर बिफर पड़े

वे किसी की महानताओं के लिए झंडा उठाते रहे
सभा में झाड़ू लगाते रहे
पुल के लिए लोहा काटते रहे
सड़क के लिए गिट्टी तोड़ते रहे
पानी के लिए ज़मीन खोदते रहे

वे किसी भी वर्णन के आदि-आदि हुए

सभ्यताएँ जिनके पसीने को सोखकर हरी होती रहीं
महानताएँ जिनके रक्त से ऐश्वर्य पाती रहीं
गाथाएँ जिन्हें राक्षस कहती रहीं
वे सारे के सारे मेरे अपने हैं।

सभ्यता और मृत्यु के बीच भूख

थाली में परोसे गए हरेक अन्न को
हमने चुन-चुनकर खाया
और असभ्य कहलाए

जबकि हम आदि-प्रजातियों में से एक थे

हमने थाली में पड़े आख़िरी अन्न तक को खाया
इसलिए नहीं कि हम सदियों के भूखे थे
बल्कि सिर्फ़ इसलिए कि

मेरे एक चाचा थे
जो पिछली सदी की एक सुबह
भूखे पेट पुरवट हाँकने गए थे

और भूख पर धूप गिरने से मर गए।

मजूर

जब पसीना
उसकी जीभ से आने लगे
और हाथों के छालों से
मेहरा जाए फरसे की बेंट

फिर भी वो चलता रहे
चलता ही रहे

तो आप समझ जाएँ

या तो उसका बेटा बीमार है
या बेटी सत्रह पार है।

मनुष्य को उसकी प्राथमिकताओं से पहचानता हूँ

अचानक मिलता हूँ किसी से तो याद करता हूँ
किस सदी, किस पहर में देखा था इसे
समय चेहरे पर नयी लकीरें खींच देता है

नाम याद करने की कोशिश करता हूँ
तो उस नाम से मिलने वाले सारे सम्भावित चेहरे गदर कर देते हैं
एक शब्द में नहीं अँट पाता समूचा मनुष्य

नाम भूल जाता हूँ
चेहरे बदल जाते हैं
मैं मनुष्य को उसकी प्राथमिकताओं से पहचानता हूँ।

माँ का सिंगारदान

हर जवान लड़के की याद में
बचपन
सर्दियों के मौसम में उठती
गर्म भाप-सा नहीं होता

रेत की कार में बैठा हुआ लड़का
गुम गया मड़ई की हवेली में

हमारे प्रिय खेलों में
सबसे अजीब खेल था
माँ के सिंगारदान में
उलट-पलट, इधर-उधर
जिसमें रहती थीं
कुछेक पत्ते टिकुलियाँ
सिन्दूर से सनी एक डिबिया
घिस चुकी दो-चार क्लिचें
सस्ता-सा कोई पाउडर
एक आईना

और छोटी-बड़ी दो कंघियाँ

हम माँ को हमेशा ही
ख़ूबसूरत देखना चाहें
हम नाराज़ भी हुए माँ से
जैसे सजती थी
आस-पड़ोस की और औरतें
माँ नही सजी कभी उस तरह
माँ उम्र से बड़ी ही रही

हमने माँ को
थकते हुए देखा है
थककर बीमार पड़ते देखा है
पर माँ को हमने
कभी रोते हुए नहीं देखा
हमने माँ को कभी
जवान भी नहीं देखा
बूढ़ी तो बिल्कुल नहीं

मैंने सिंगारदान कहा
जाने आप क्या समझे
मगर अभी-अभी
लाइब्रेरी के कोने में
एक लड़का सुबक उट्ठा है

मेरी दवाइयों के डिब्बे में
सिमटकर रह गया
माँ का सिंगारदान।

नींद के यातना-शिविर में

रात के तीसरे पहर की छाती से
भभककर जगती हैं स्मृतियाँ
फफककर खुलती हैं आँखें

कुछ सोचना और सोचते हुए कहीं पहुँचना
इतना मुश्किल होता है कि
आत्मा को मष्तिष्क से रिसते ख़ून में गूँथकर
ग्रहों के धधकते हुए अनन्त मौन पर पटक देता हूँ पकने के लिए

सैकड़ों कोस से चलकर आते हैं
थक जाते हैं, आँसू
दिन-भर के ठहाकों तले दफ़ना आता हूँ
पर घर वापसी में साथ लौट आती है हताशा

बदनाम आत्महत्याएँ दरवाज़े पर देह माँगने आती हैं
और निराश लौट जाती हैं
कानों में सृष्टि का शून्य बजता है झींगुर की तरह
और मृत्यु पेशेवर नर्तक की तरह पड़ती है दिखलाई

पर आख़िरी इच्छा तो मुझ जैसे कमबख़्त से भी पूछी जाएगी

मैं हज़ार रातों का जगा हूँ
मुझे कई सदियों की नींद चाहिए।

हड्डियों की हताशा सोहर से नापना

इतने शोर से भर गया हूँ कि
सिर्फ़ लगातर बजने वाला एक सन्नाटा सुनाई देता है

दिनों-दिन नहीं खाता हूँ
और जब भरे भोजन की थाली आती है सामने
भूख की वितृष्णा से भर जाता हूँ

अलावा मेरे, कमरे में हज़ारों-हज़ार स्मृतियाँ रहती हैं
इतनी ग़दर होती है यहाँ उन सबकी चहलकदमी से
कि मुश्किल से ज़रा-सा कोना मिलता है बिलखने के लिए

कभी-कभी रात उठकर ख़ुद को झकझोरता हूँ
ज़िन्दा पाता हूँ, खुश होता हूँ

इतनी ऊबी हुई ऊब से भर गया हूँ कि
देह को लात मार बाहर निकल आने को जी चाहता है

इतनी वितृष्णा, ऐसा बिलखना और एक ही देह की इतनी आत्महत्याएँ

सन्नाटे का शोर, लड़ाके की चुप्पियाँ और इतनी ऊब

ख़ुदा कसम
ख़ुदा अभी मिल जाए तो कॉलर पकड़कर पूछूँगा

तुम्हारी दुनिया में क्या इसे ही न्याय कहते हैं
तुम्हारी दुनिया में क्या जीने का यही मतलब होता है?

अपने शव की शिनाख़्त करते हुए

बच्चे पकी हुई निबोरियों की तरह दुनिया से टपककर
जन्नत में गिर रहे थे

परियों को होड़ देतीं मुलायम मासूम बच्चियाँ
बर्बर बलात्कार के अन्तहीन कुएँ में धकेली जा रही थीं

सत्ताएँ इन सबको तमाशे की तरह देखकर अय्याश हँसी की प्रतियोगिता में
व्यस्त थीं

क्रूरता का क़द लगातार बढ़ता जा रहा था
मनुष्य का बौनापन विकास के चरम को छूने ही वाला था

जो कुछ भले और नर्मदिल थे उन्हें या तो पागल क़रार दिया जा रहा था
या दिखाया जा रहा था क़त्लगाह का रास्ता

एक मैं था
जो रह-रहकर अपनी आत्मा पर थूक रहा था
और दुनिया को आदेश दे रहा था कि मेरी आत्मा को कुचल दो

इसकी सिर्फ़ यही वजह थी कि
जब इसी ग्रह पर इतना सबकुछ हो रहा था
तो मैं अपने खो चुके प्रेम के लिए तड़प रहा था
मैं स्वार्थी बना रहा
और मैंने सर्वाधिक आँसू इन आपदाओं के लिए नहीं
बल्कि प्रेम के लिए लुटाए।

आबाद रहे ये मुर्दाघर

अनन्त ख़ामोश पीड़ाओं का पुल बनाता हूँ
छटपटाती हुई चीख़ के जंगल से निकलकर
खारे पानी की नदी पार करता हूँ

शहर में घुसता हूँ
मेरे सभी जानकार मुझे पहचानने से इनकार कर देते हैं
हाँ यह सही भी है
जब मृत्यु मनुष्य के चेहरे पर नाचने लगे
मौत के पहले ही मँडराने लग जाएँ गिद्ध और कौवे
तो उसे मरा हुआ समझ
मुर्दहिया में फेंक आने में ही बस्ती-भर की भलाई है

अपनी देह को धकेलते हुए
आत्मा के दरवाज़े खोलता हूँ

ओह्ह यहाँ सबकुछ उल्टा-पुल्टा बिखरा पड़ा है

गोरी उम्र पर पानी किसने गिराया

मेरी खिलखिलाहटों का आईना किसने तोड़ा
यह किसकी शरारत है कि मेरी घड़ी का समय इतना तेज़ चल रहा है
मेरी उम्मीदों की लालटेन का काँच कैसे चटका
मेरे तकिये इतने गीले क्यों हैं
मेरी निरीह घुटन के पन्ने कैसे तो बिखरे पड़े हैं

मैं भीषण जंगल से निकलकर
खारे पानी की नदी पार कर
शहर की क़ातिल रौशनी से बचते-बचाते अपने घर आया हूँ

मेरी दुलारी यातनाओ,
मेरा स्वागत करो
मैं इस नर्क-जीवन में पुनः पुनः लौट आया हूँ।

कोशिकाएँ पूछती हैं पता अपना

यह मुझे क्या हुआ है कि मुझे अपनी ही चीख़ें सुनाई पड़ती हैं
अपनी ही अपमानित कलप को देखता रहता हूँ
और ख़ुद पर दया करके रो देता हूँ

मेरा यक़ीन करिए
विहाग वैभव नाम का एक लड़का बीते साल के आख़िरी महीनों में ही मर गया
मेरी आत्मा की पत्रिका में इस बाबत लंबी ख़बर छपी थी
वो कमबख़्त कहता फिरता था
पूरे जगत में वह अपने नाम का अकेला प्राणी है (और हँस देता था।)
ख़बर कहती है मरने के पहले उसने हँसने की इच्छा ज़ाहिर की थी।

ये जो मैं हूँ, मैं नहीं हूँ
मेरी नींदों में स्वप्नों का जहर घोला गया
और मैं एक अदद नींद के लिए तरस गया

एक क़ातिल बेचैनी मेरे गले पड़ गई है
मृत्यु ने कितनी बार मित्रता का निवेदन भेजा है
आँखों से बदन का सारा लहू बाहर आ जाने के लिए आकुल है

हर घड़ी महसूस होता है बस यही, बस यही घड़ी है आख़िरी

मृत्यु से अधिक दुखदायी होता है मृत्यु का इन्तज़ार

मुझसे और नहीं झेला जाता
मैं इस दुनिया को हुक्म देता हूँ—

जलते हुए डामर से सना बुलडोज़र लाओ
और मेरी आत्मा को कुचल दो।

पृथ्वी दक्षिणी अक्षांश पर तेज़ी से झुक रही है

काट दिए जा रहे हैं वे पेड़
जो आ रहे हैं आड़े इस झुकाव के

हर ली जा रही हैं वे नदियाँ
जो लुढ़क नहीं रही हैं पृथ्वी के साथ

जो पक्षी नहीं उड़ रहे हैं दक्षिणी आकाश की ज़द में
उनको निगल ले रहा है आसमान
चबा ले रही है धरती

उत्तरी हिस्से का गुरुत्वाकर्षण घट रहा है
सिर्फ़ वही महफ़ूज़ हैं यहाँ
जो बेहयाई से जमे हुए हैं दक्षिणी ज़मीन पर

झुक रहे हैं विचार
अधिकार, चिंतन और ज्ञान के सभी स्रोत

क्या डरावना मज़ाक़ है कि

ग्रह के उत्तरवासी
मज़े में सो रहे हैं
नहीं मचा है कोई हाहाकार
नहीं मची है कोई भगदड़

जबकि
पृथ्वी दक्षिणी अक्षांश पर तेज़ी से झुक रही है

देश के बारे में शुभ-शुभ सोचते हुए

अभी हमें देखना है कि
पहाड़ों के शीर्ष से
ख़ून के बड़े-बड़े फव्वारे छूटेंगे
बड़े व्यापारी और राजा
तर होकर नहाएँगे उनमें
पहाड़ों के कुंड में जमा ख़ून
हमारा, आपका, इसका और उसका होगा

अभी हम देखेंगे कि
दूसरी बस्ती की
गर्भवती महिलाओं के पेट से
तलवारों के नाख़ूनों से खींचकर बाहर
पँचमासी बच्चे का सिर काट दिया जाएगा
और इस तरह धर्म की साख बचा ली जाएगी

अभी हम देखेंगे कि
बहुत काली अँधेरी रात के बाद
एक ख़ूँख़ार भोर का पूरब

विधर्मियों के रक्त से गाढ़ा लाल होगा
धीरे-धीरे और चमकदार होती हुईं तलवारें
खनकते स्वरों में गाएँगी प्रार्थना—
सर्वे भवन्तु सुखिनः
वसुधैव कुटुम्बकम

अभी सौहार्द और अधिकारों की बातें करने वाली जीभ को
एक काँटे में फँसाकर लटकाया जाएगा
जब तक कि पूरी जीभ
आहार नली से फड़फड़ाते हुए बाहर नहीं आ जाती
(इस पर सत्तापक्ष के लोग ताली बजाएँगे)

अभी राज्य का प्रचंड हत्यारा
ससम्मान न्यायाधीश नियुक्त होगा
अभी राज्य के कुख्यात चोरों के हाथों
सौंप दिया जाएगा
देश का वित्त मंत्रालय

अभी देश की जनता
देवताओं से रक्षा के लिए
असुरों के पाँवों पर गिरकर गिड़गिड़ाएगी

विधर्मियों का गोश्त प्रसाद में बँटेगा
भेड़िये अपने नाख़ून गिरवी रखकर नियामकों के पास
चले जाएँगे अनन्त गुफा की ओर सिर झुकाए
असंख्य हत्याकांडों का पुण्य घोषित होना बचा हुआ है अभी

अभी इस देश ने
अपने भाग्य और इतिहास के
सबसे बुरे दिन नहीं देखे हैं।

छद्म संवेदनाओं को भुना लो साथी

छद्म संवेदनाओं को भुना लो साथी
कहीं दुर्घटनाओं का यह सुअवसर निकल न जाए

भीतर से ज़रा और दम साधो
आँखों में तनिक और नमी लाओ
चेहरे पर पोत लो रोना और भी अधिक
कि भुक्तभोगी जान जाय कि तुम उसके दुख में उससे अधिक दुखी हो

उसकी माँ को अँकवार में भींच लो बच्चे की तरह
और अपनी शर्तिया वेदना से उसे तृप्त कर दो
जब तक कि वह तुम्हारी धूर्त संवेदना को पहचान न ले

उसके दुख में सर्वाधिक करुणा उगलो
और उसका सबसे बड़ा हितकारी बनने की प्रतियोगिता में प्रथम आओ

दुर्घटना की एक-एक जानकारी बहुत करीने से लो ऐसे
कि जैसे तुम देवता हो और उसमें कुछ ज़रूरी बदलाव कर सकते हो।

इन सबके बीच एक ज़रूरी काम यह भी करना कि
वह जो भीड़ से अलग खड़ा अपनी ही ख़ामोशी में बिलख रहा है
उसे परिदृश्य से बाहर ही धकेले रखना
कहीं वह फूट पड़ा तो
तुम्हारे आँसुओं का नक़लीपन पहचान में आ जाएगा।

उसके फूटने के पहले
छद्म संवेदनाओं को भुना लो साथी
कहीं दुर्घटनाओं का यह सुअवसर निकल न जाए।

मोर्चे पर विदागीत

उसके होंठ चूमना छोड़ते हुए
उसके चेहरे को भर लिया अँजुरियों में
और उसकी आँखों को पीते हुए कहा मैंने
मैं मिलूँगा तुमसे

तुम मुझे भूल मत जाना
दिन, महीने, साल लाँघकर
आऊँगा एक रोज़ अचानक
तुम्हें गोदी में उठा लूँगा
तब तुम्हारा चेहरा यक़ीनन
किसी पहाड़ी फूल-सा ताज़ा और चमकदार हो जाएगा

वह मुझे पनियाई आँख से देखती रही बस
जैसे किसी को आख़िरी बार देखा जाता है

मैंने उसे अपनी देह से छुड़ाते हुए सच कहा—
मैं जा रहा हूँ उस युद्ध में
जिसकी घोषणा किसी मौसम ने नहीं की

जिसके बारे में कोई पीढ़ी नहीं सुनाएगी कहानियाँ
जिसकी वीरता के क़िस्से सिर्फ़ शहीद हुए सिपाही कहेंगे और सुनेंगे

यह युद्ध मेरे और मेरे राजा के बीच है
मेरा उन्मादी राजा
दुनिया की हर ख़ूबसूरत चीज़ को
नेस्तनाबूद कर देने की योजनाओं में व्यस्त है
हर प्रकार की स्वतंत्रता को वह चबा लेना चाहता है
मनुष्यों को धर्म में बदल देना चाहता है
लोगों के सिर से उनका मस्तिष्क ऐसे निकाल ले रहा है कि
ख़ुद उन्हीं को कोई ख़बर नहीं हो रही

राजा जिस भी रास्ते से गुज़र रहा है
उधर की हवाओं में वही दुर्गंध फैल जा रही है
जो लाखों-लाख इंसानों की लाशों के एक साथ जलने से आती है
राजा ने एक ऐसे जानवर को गोद ले रखा है
जो अपने अपूजकों की हत्या
अपने स्पर्श-भर से कर देने की काबिलियत के लिए मशहूर हो रहा है

इतना ही नहीं
मेरा क्रूर राजा
तुम जैसी बेकसूर प्रेमिकाओं को
क़ैद करके
किसी अनन्त अँधेरे में फेंक भी देना चाहता है सदियों-सदियों के लिए
कि प्रेम कोई जघन्य अपराध हो

मेरी बातों से वह और भी उदास हो गई
उसका गला रुँधने लगा

और उसकी ख़ूबसूरत आँखें भरभरा गईं
वह समझ गई कि मैं न लौटने के लिए माफ़ी माँग रहा हूँ
जब मैं कह रहा हूँ—
मैं मिलूँगा तुमसे

मैंने उसे हिम्मत बँधाई
नहीं, वे मेरी हड्डियों में बारूद भर देंगे
निकाल लेंगे मेरी आँखें
कानों में उबलता तेल डालेंगे
मेरे नाख़ूनों में कील ठोंककर तुम्हारा नाम पूछेंगे

उस आख़िरी घड़ी में मैं तुम्हें याद करूँगा
हृदय की असीम पवित्रता की दीवाल पर तुम्हारी मुस्कुराती तस्वीर देखकर

वे बार-बार पूछेंगे नाम तुम्हारा
और मैं मर जाऊँगा पर नहीं बताऊँगा
तब वे जान जाएँगे
यह अन्त नहीं है
मेरे जैसा दूसरा आएगा
तीसरा, चौथा, पाँचवाँ और न जाने कितने आएँगे

जो अपनी प्रेमिका के लिए
अपनी कल्पनाओं जितनी ख़ूबसूरत दुनिया चाहते हैं

वह अब फफक उठी और धम्म से मुझसे चिपक गई
मैंने मुस्कुराते हुए
अपनी क़लम उठाई
किताबों को पहना

और कविताओं को पीठ पर लाद
क़स्बा छोड़ने के पहले कहा—

मैं नहीं भी लौटा तो मेरे जैसा दूसरा लौटेगा
तुम उसे मेरे जितना ही प्यार करना
वह उसका हक़दार होगा
यूँ तो
मैं मिलूँगा तुमसे

साथियो! मेरा विदागीत यहीं ख़त्म होता है
इस पेड़ को शुक्रिया कहो और चलो उठो
हमें राजा को उसकी वहशी योजनाओं समेत दफ़्न कर देना है
और समय रहते लौटना भी तो है
अपनी-अपनी प्रेमिका की बाँहों में

यह इतना कठिन भी नहीं है।

पिता होना बचा रहेगा

आसमान से एक फूल गिरा
उसकी प्रार्थना में उठी दोनों बाँहों में

गिरते हुए झरने-सा उजला-सा फ़ूल
ख़ुशबुओं से भर दिया आत्मा का कोना-कोना

वह जीवन में पहली बार पिता बना
पिता तो एक ही बार बनता है पुरुष
फिर वह जीवन-भर पिता रहता है

पिता ने उस फूल जैसी बेटी को
बहुत आहिस्ता-आहिस्ता छुआ
डरते हुए कि कहीं इन कठोर हाथों का स्पर्श
दुनिया की महान ख़ूबसूरत सम्पदा को नष्ट न कर दे
कहीं उसकी आध्यात्मिक नींद का जादू टूट न जाए

गोद में जब भी उठाया तो ध्यान रखा
कहीं दुनिया उसके हाथों से छूटकर गिर न पड़े

वह इस ग्रह पर निचाट अकेला हो जाएगा तब तो

यूँ समझिए कि जैसे कोई अपना हृदय निकाल दे अपनी देह से
और उसे गोद में लेकर झुलाता रहे
झूमता रहे ख़ुद भी किसी अजानी ख़ुशी के हाथों सौंपकर ख़ुद को

पिता ने उसे जब भी कन्धे पर चढ़ाया तो महसूस किया कि
ईश्वर कितनी ज़िम्मेदारी-भरी नौकरी करता होगा

पिता ने उसे सृष्टि की आख़िरी उम्मीद की तरह पाला
यूँ कि जैसे इसके बाद
इसके न होने से
आसमान किसी विशाल काँच की तरह टूटकर गिर जाएगा समुद्र की गोद में
सारे जंगल सूखकर समा जाएँगे धरती के गर्भ में
सारे पक्षी चले जाएँगे अपने-अपने घोंसलों में हमेशा-हमेशा के लिए
हवा ठहर जाएगी यकायक चलते-चलते

वह दुनिया का महान पिता होने की कोशिश करता और
उस लड़की से अथाह प्रेम करता
जो उसकी बेटी थी

महीने गुज़रे, साल गुज़रे, दिन बीतते रहे
वह आसमानी फूल बड़ी होती रही
पिता का प्रेम भी बढ़ता गया दिन गए, साल गए

अब भी पिता को अथाह प्रेम है अपनी बेटी से
पर प्रेम भी वैसा कि जैसा कोई अपनी पत्नी से करता है प्रेम
या करना चाहता है

जैसे सभी प्रसिद्ध प्रेम-कथाओं के नायक नायिका के बीच होता है प्रेम

पिता पुरुष है
बेटी प्रेमिका है एक पुरुष पिता की

पिता की आत्मा नाख़ुश है ख़ुद से
और पिता बिलख रहा है अपने स्नेह में
कि यह सच किस नदी में बहा दे
किस आग में जला दे
किस क़ब्र में दफ़ना दे

पिता ने अपनी घुटन के सामने टेक दिए हैं घुटने
मगर प्रेम है कि छूटता नहीं

पिता जंगल गया है अपनी बेचैनी त्यागने
पिता गुफाओं में बैठा ख़ुद को साध रहा है अपने ही ख़िलाफ़
पिता पहाड़ों पर बैठकर रो रहा है खो चुकी आवाज़ में

यह पिता जानता है ईश्वर होना कितना कठिन है
यह उन पिताओं की कथा है
जो ईश्वर नहीं हो सके।

अभी बस अभी एक नारा लगेगा

अभी बस अभी एक नारा लगेगा
और भीड़ से निकलेगा एक लहूलुहान व्यक्ति
भीड़ उसे बार-बार घेरेगी, नारा लगाएगी और मार देगी

अभी बस एक नारा लगेगा
और चवन्नी उछालकर बेच दिया जाएगा राष्ट्र का संविधान

अभी बस एक नारा लगेगा
और वीभत्स बलात्कारियों के समर्थन में
उमड़ आएगा एक जन-सैलाब

अभी बस एक नारा लगेगा
और एक स्वाभिमानी राज्य का कटा सिर हवा में लहराते
एक अमानुष नेता पिशाच के पितामह की तरह
करेगा विजयघोष

अभी दवाइयों के अभाव में मर जाएँगे
कुमुदिनी की कली से नाज़ुक हज़ारों-हज़ार बच्चे

और हर सवाल के जवाब में सुनाई देगा वही एक नारा

अभी बस अभी एक नारा लगेगा
और एक भव्य भरभराहट से ढह जाएगा पूरा का पूरा देश।

कायांतरण

तुम्हारे बाद सबसे पहले मैं एक सूखा कुँआ हुआ
लोगों ने सिसकियों का संगीत सुनने की गरज से बाल्टियाँ उतारीं
और मेरे घाव दुखाए

कुएँ में एक शाम गिर पड़ा एक गूँगा बच्चा
जैसा कि हर चीख़ आवाज़ की मोहताज नहीं होती
तब अपने सूखा कुँआ होने से ऊबा हुआ मैं
उस बच्चे की चीख़ हो गया

बच्चा मर गया पर मैं तो चीख़ था
आख़िरी कोशिश में कुएँ से बाहर निकल आया

बाहर शोर था, संगीत था, हत्याएँ थीं
माँग थी, पूर्ति थी
शक्ति और भक्ति थी
उम्मीद थी, उद्घोषणाएँ थीं
बलात्कारियों की मूर्ति पर चढ़ती सरकारी मालाएँ थीं
धर्म के खंभे में जाति से बाँधकर मारी जाती एक लड़की थी

लड़की की आवाज़ में शामिल होकर मैं चीख़ से बाहर निकल आया

फिर दलालों के हाथों अधिग्रहित होता हुआ जंगल हुआ
फिर एक सरकारी अफ़सर की जाँघ में धँसा हुआ तीर हुआ
वही तीर एक दिन एक खरगोश के दिल में लगा
मैं तीर से निकलकर खरगोश का दिल हो गया
खरगोश ने आख़िरी पुकार अपनी साथी को दी

तब मुझे याद आया—
यह सब तुम्हारी पलकों का झूला झूलते हुए अचानक एक कुएँ में गिर जाने से शुरू हुआ था
और अब तुम नहीं हो

तब मैंने जाना
एक जीवन के लिए बहुत कम है एक काया

और अन्त में
अपने होने से थका हुआ
मैं शहर से लौटने वाली आख़िरी बस था
पसन्द से नहीं
मजबूरी में किया लोगों ने मेरा इन्तज़ार।

प्रचलित परिभाषाओं के बाहर महामारी-1

कोई ऐसा शब्द कहो
जिसका सचमुच कोई अर्थ हो

कोई ऐसी नदी दिखाओ
जिसमें न बह रहा हो हमारी आँख का पानी

कोई ऐसा फूल उपहार में दो
जिसकी गंध बाज़ार में न बिकती हो

अपने प्रेम और घृणा के लिए दलीलें देना बन्द करो
ताकि मैं भरोसे पर पुनः भरोसा कर सकूँ

अर्थ, रस, गंध और स्पर्श
सब अपनी सवारियों से पलायन कर रहे हैं
और यही इस दौर की सबसे विकराल महामारी है

अगर नहीं तो
एक ऐसे मनुष्य से मिलाओ
जिसे मनुष्य कहकर पुकारूँ और वह पलटकर जवाब भी दे।

प्रचलित परिभाषाओं के बाहर महामारी-2

महामारी के दिनों में
सब लौट जाते हैं अपने-अपने घरों की ओर

अन्न गोदामों में लौट जाते हैं
और अधिक काले दिनों की प्रतीक्षा में

मनुष्य आत्मा के सभी पाटों पर कुंडी देकर
लौट जाता है अपनी देह, अपनी हड्डियों में

पानी आँख से उतरने लगता है और जमा होता है भूख के आदिम अँधियारे
कुंड के तलहट

फूल अपनी पंखुड़ियों में सिमटने की तैयारी करते हैं
और गंध से कहते हैं—विदा

देह की आसक्ति अपना निर्मम रहस्य खोलती है
और स्खलित उबकाई की भेंट चढ़ती है

जब सब के सब लौट रहे होते हैं उत्स, अपनी जड़ों में

तब यह मुमकिन नहीं कि चूहे न लौटें अपनी खंदकों की ओर

इसी बीच संवेदना की परीक्षा के प्रश्न-पत्र जैसी ख़बर आती कि
मुसहरों ने भूख से आकुल हो घास खाना शुरू कर दिया है

ठीक इसी समय
मनुष्यता के मरघट की राख से सना मेरा अधमरा मन चीख़ना चाहता है—

जिसे आप मुसहर कहते हैं, दरअसल वे मनुष्य हैं।

प्रचलित परिभाषाओं के बाहर महामारी-3

कुछ भूख से मरे, कुछ भय से

जो आस्तिक थे वे ईश्वर की कृपा से मरे
कुछ ख़ुशी से मरे कि छोटी होंगी अब बैंक की क़तारें

जो हड्डियों के आख़िरी हिलोर तक सरकार से सवाल करते हुए लड़ सकते थे
वे मरे सरकार की बेशर्म हिंसक हँसी से

महामारी से बचाव का घिनौना तर्क देते हुए पुलिस ने
जिनकी जर्जर पीठ पर लाठियों के काले-लाल फूल रोपे थे
उनके प्रियजन उन फूलों की गंध से मारे गए

कुछ अपनी अश्लील आरामकुर्सी पर
लालच और लिप्साओं का ज़हर खाकर मरे मिले

कुछ तो सिर्फ़ यह देखकर मर गए कि
इस क़ब्रिस्तान में उनके लिए कोई जगह नहीं बची है

कुछ को घर लौटने के रास्तों ने मारा
इस तरह वे उन मुट्ठी-भर लोगों में हुए
जो किसी मुहावरे के बाहर अब भी
प्रेम के लिए चुपचाप मर सकते थे

कुछ को घृणा ने मारा, कुछ को शक्ति ने
कुछ को ऐश्वर्य ने मारा, कुछ को भक्ति ने

महामारी में मरने वाले सब के सब लोग
महामारी से नहीं मरे थे।

प्रचलित परिभाषाओं के बाहर महामारी-4

सभ्यता के दक्खिन में चारों दिशाओं से जिस रात धू धू धुँआ उठा
और देखते ही देखते मनुष्य से मवेशी तक
सब के सब राख में बदल गए

कहते हैं तब जसोदा चाची आठ माह पेट से थी
यह रहस्य उस अजन्मे के साथ गया कि
घृणा की आग से उठते धुँए से दम घुटने लगे तो
करुणा का गर्भ हमें कब तक ज़िन्दा रख सकता है

निरपत हरिजन का पूरा का पूरा गाँव सिर्फ़ इसलिए जला दिया जाता है कि
उन्होंने अपने मनुष्य होने के पक्ष में गवाही दी थी

यदि आपके गणित और समाजशास्त्र को जाति के गेंहुअन ने नहीं डँसा हो तो
सोचकर बताइए कि पिछली सदी की कोइलारी में
कोयला खोदते खदान में दफ़्न होकर आपकी कार का ईंधन हो गए लोग कौन हैं
बताइए तो ज़रा
वे लोग कौन हैं जो भरी जवानी में दिहाड़ी करने सूरत, बम्बई, कलकत्ता,
गुजरात गए

जिन्होंने आपके शहर की चिमनियों और मिलों को बन्द नहीं होने दिया
और जो दुर्दिन में घर लौटते हुए सरकारी निर्देशों से मारे गए

क्या आप बता सकते हैं कि
ज़मींदार के भय की बेगारी करती हुई
हड्डियों की हवस के अँधेरे गोदामों तले
कितनी अवर्ण स्त्रियों के लिए बलात्कार दिनचर्या में शामिल कर दिया गया

क्या आप बता सकते हैं कि कितने भुइधर धोबियों की पीठों पर
ब्याज के कोड़ों के निशान कभी नहीं धुले

खदानों में, मिलों में, मशीनों में समा गए लोग
कौन थे, कहाँ से आए थे
आपने कभी नहीं सोचा कि वे किस महामारी के शिकार हुए
यदि आपने भाषा पर डाका नहीं डाला होता तो वे बोलते—
जाति वह भीषण महामारी है
जो न गला पकड़ती है
न साँस जकड़ती है
न फेफड़ों को रोक देती है काम पर जाने से
यह आदमी के गुप्तांग में पेचकस घुसेड़ देती है
यह औरत के यौनांग में पत्थर घुसेड़ देती है

यदि आपका इतिहास चाँदी के चम्मच से घृणा का खीर खाकर जवान नहीं
हुआ है तो
आप सोच पाएँगे कि

जाति की महामारी से मारे गए लोगों की तुलना में
जैविक महामारी में मारे गए लोगों की संख्या कुछ नहीं है।

प्रचलित परिभाषाओं के बाहर महामारी-5

जब भूखे जिस्म के आख़िरी अँजुरी ख़ून में डूबी रोटियाँ
सड़कों और रेल पटरियों पर लिथड़ी पड़ी हों
ऐसे में स्वाद के पक्ष में किया गया हर प्रदर्शन
सभ्यता की क्रूरतम अभिव्यक्ति है
स्वाद के अनन्त संस्करणों का दिखावा
भूखे मनुष्य के साथ किया गया सबसे वीभत्स मज़ाक़ है

वे किसी और प्रजाति से नहीं थे जिन्होंने अपनी कोठियों और महलों की
अश्लील भव्यता के लिए
दीवार पर हिरनों-हिरनियों की हड्डियाँ टाँगी
और नींव में किसी गरीब-गुरबे को दफ़नाकर हत्यारी शुभता से ढँक दिया

वे कहीं नहीं गए
आधुनिकता उनके लिए व्यवधान थी पर वे उससे भी पार हुए
हमारे-आपके बीच फैल गए हमारे-आप से दिखते हुए
और मजलूमों की रक्त की सिंचाई पाकर वे फिर-फिर उभर आए

इस बार उन्होंने हिरण मारकर दीवाल पर नहीं लटकाया

उन्होंने बस हड़पी हुई भाषा में भीषण दुर्दिन को सबसे शांत समय घोषित किया
वे सबसे भूखे दिनों में अपनी अय्याश सम्पन्नता का प्रदर्शन करते रहे

आज मेरी थाली मुझे गाली देती है कि मैं उनके साथ नहीं चला सरकार ने
भूखे रहने के अपराध में जिनका क़त्ल किया
मेरी एक दोस्त का व्यंजन-प्रदर्शन मुझे लात मारकर मेरी देह से बाहर करता है कि
मैंने किनके बीच रहने का चुनाव किया

मैं एक भयंकर अँधेरी रौशनी की दुनिया में फँस गया हूँ
मेरे पुरखो, मुझे इस दुनिया से बाहर निकालो
आवश्यकता और ऐश्वर्य की संभावित हिंसक लड़ाई में आवश्यकता का क्रूर
सैनिक होने के पहले
मैं ख़ुद को इस दुनिया का नागरिक होने से ख़ारिज करता हूँ
इनकी भूख मेरी आत्मा की हड्डियाँ चबा जाएगी
इनकी प्यास मेरी करुणा का सागर सोख लेगी
यह वह दुनिया नहीं जिसका नक़्शा मेरे हृदय की जेब में सदियों से पड़ा हुआ है
मेरे पुरखो, मुझे इस दुनिया से बाहर निकालो।

और फिर एक दिन

क्या आपको वह कहानी याद है
जिसमें एक मज़दूर ने ख़्वाब में राजा का मुकुट अपने सिर पर देखा था
वह भी सिर्फ़ इसलिए कि कभी उसने एक लड़की को रानी बनाने का वादा
दिया था
लेकिन जब वह नींद से जगा तब उसका कटा हुआ सिर
क़स्बे के बाज़ार में कौड़ियों के भाव बिकने के लिए रखा हुआ था?

मैं जानता हूँ आपको नहीं याद है
क्योंकि ऐसी कोई कहानी कभी थी ही नहीं

पर यह सोचना एक साथ दिलचस्प और बेचैनी में डुबोकर मार देने वाला है
कि जो कहानियाँ कभी नहीं हुईं उनके पात्र आख़िर कहाँ गए

मसलन एक नहीं-हुई कहानी का पात्र, जिसकी प्रेमिका को सभ्यता की बाज़ारू
रस्मों से बाँधकर मार दिया गया
वह इन दिनों कैसा जीवन जी रहा होगा
या जीवन उसे कैसे जी रहा होगा
क्या उसके सारे सन्त्रास और रुलाइयाँ शब्दों तक पहुँच पा रहे होंगे?

एक मल्लाह की वह नहीं-हुई कहानी
जिसमें उसकी बेटी और पत्नी और भाई एक साथ नदी में डूब गए थे और
वह सिर्फ़ अपनी बेटी को बचा पाया था
एक को बचा लेने के सन्तोष को दो को न बचा पाने की पीड़ा ने चबा लिया
और फिर तीसरी लाश उस मल्लाह की उठी

मेरे पास ऐसी कई कहानियाँ हैं जो कभी हुईं ही नहीं
मल्लाह और मज़दूर लाशें और कटा हुआ सिर
इन बातों का सिर्फ़ इतना ही मतलब है

और फिर एक दिन नहीं-हुईं कहानियों के सभी पात्र
अपने ही जीवन में सच होने लगते हैं
रंध्रें महसूस करने लगती हैं ग्रहों की हर चाल
सभी पीड़ाएँ और सन्त्रास और अकुलाहटें जमा होने लगती हैं अपनी ही देह में
हड्डियों में इन्तज़ार की चींटियों की चाल
जीवन को हलाल करने में कोई कसर नहीं रखतीं
रुलाइयों का एक पूरा ख़ानदान होता है
एक दुख के लिए रोना शुरू करिये तो
आइसक्रीम की ज़िद करते बच्चों की तरह और दुख कहने लगते हैं—
मेरे लिए, मेरे लिए

मुझे माफ़ करें
मैंने अपना तआर्रुफ़ नहीं कराया—
मैं एक नहीं-हुई कहानी का वातावरण हूँ
जिसमें नायिका की चुप चीख़ों का सन्नाटा गूँज रहा है

मैं एक नहीं-हुई कहानी में अचानक हुई बारिश से बुझ गई मशाल हूँ
जिसके न होने से क्रांतिकारियों का एक दल डाकुओं से घिर गया है

मैं एक नहीं हुई कहानी का देश-काल हूँ
जो अपने ही भूगोल में भटक गया है

दरअसल यह एक उस नहीं-हुई कहानी की बात है
जिसका मैं बस एक पात्र हूँ
जिसे कभी कोई लेखक नहीं मिल पाएगा
जिसे भाषा कभी नहीं कह पाएगी
जिसे आप कभी नहीं सुन पाएँगे।

प्रेम का अर्थशास्त्र

जितना हो तुम्हारे पास
उससे कम ही बताना सबको

ख़र्च करते हुए हमेशा
थोड़ा-सा बचा लेना
माँ की गुप्त पूँजी की तरह

जब छाती पर समय का साँप लोटने लगेगा
हर साँस में चलने लगेगी जून की लू
और तुम्हें लगेगा कि
मन का आईना रेगिस्तान की गर्म हवाओं से चिटक रहा है

तब
कठिन वक़्तों में काम आएगा
वही थोड़ा-सा बचा हुआ प्रेम।

मैं अपना प्रेम कहीं रखकर भूल गया हूँ

मैं अपना प्रेम कहीं रखकर भूल गया हूँ
उसे ढूँढ़ने में ज़रा मेरी मदद करो

नींद का बोझ लिए धान के तीसरे पानी के लिए खेत की तरफ़ जाती हुई आँखों से पूछकर आओ

वहाँ,
उस इन्तज़ार के दिल में झाँको ज़रा
जिस पर नाउम्मीद मुस्कुराहटों की धूल जमी हुई है

समय की उस आलमारी के ऊपर देखो
जहाँ एक बच्चा
माँ की परेशानी से परेशान होकर
मृत्यु की ज़िद किए बैठा है

बहुत चौड़ी नहीं है उम्र की नदी
उस पार देख आओ
जन्नत के दरोगा को ललचाती हुई शाम की ओट में वहीं छोड़ तो नहीं आया। मैं अपना प्यार

स्मृतियों के तख़त से वह चादर झाड़कर देखो
जिससे अब भी
अन्तिम प्रणय के आँसुओं की गंध आ रही है

कहीं कल शाम उसकी डाल पर टाँग तो नहीं आया मैं
उस रुलाई के फूल के पेड़ पर देख आओ
जिसकी जड़ नींद तक जा पहुँची है

देखो माँ से न कह देना कि मैं अपना प्रेम कहीं रखकर भूल गया हूँ
माँ मारेगी मुझे
बस उसे ढूँढ़ने में तुम मेरी मदद करो

दुख का दरवाज़ा खोलो
करुणा के कमरे में देखो
हँसी हटाकर झाँको
सपनों की तलाशी लो

कहीं न मिले तो आज ही थाने में जाकर रपट लिखा दो कि
मैं अपना प्रेम कहीं रखकर भूल गया हूँ
और अब उसे पाने वाला उसका ग़लत इस्तेमाल कर रहा है

साँस, अन्न, जल और नींद के बिना तो
फिर भी मुमकिन है कुछ जीवन
प्रेम के बग़ैर
भला कोई कैसे जी सकता है एक भी क्षण?

तुम्हारी चाह की हूक

वह किसी मजूर घर के सबसे कमाऊ व्यक्ति की मौत की ख़बर से उठी
सामूहिक चीख़ की तरह
रह-रहकर मेरे सीने में उठती है

आत्मा की धरती पर धम्म से बैठ जाती हैं मेरी साँसें

खड़ी फ़सल पर झटके से चढ़ी बाढ़ की तरह आती है तुम्हारी याद

माँ का हाथ पकड़े हुए ट्रेन की चपेट में आ गए एक बच्चे की देह की छटपटाहट-सा
आँखों में उभरता है तुम्हारा चेहरा

कोई पानी लगा पुश्तैनी पेड़ अरअरराकर टूटता है भीतर ही भीतर
जब भी आता है किसी जुबान पर तुम्हारा नाम

मजूर की मौत, झटके से चढ़ी बाढ़
पुश्तैनी पेड़ या बच्चे का कटना रेल की पटरी पर

तुम इन्हें कविता मत समझना
आए दिन
यह सब इसी देह में सच होते हैं

तुम थी तो करुणा के कन्धे भी थे
अब दुख ज़्यादा हैं, कम रोते हैं।

चाह का मर्सिया

जब कभी
दो प्यार करने वालों को साथ देखता
तो मैं जादू देखते बच्चे की तरह ताली बजाना चाहता

पर तुरंत बाद ही
पिता की लाश के सिरहाने खड़े बच्चे की तरह
रो देता

साँस, अन्न, जल और नींद के अलावा
वह उसका साथ ही था
जिसे मैंने शिद्दत से चाहा था
और जो नहीं मिला।

अकेले दिन की अकेली शाम

अकेले दिन की अकेली शाम
चाक़ू की आवाज़-सी गिरती है आँखों में

बादलों से अपने शहर की स्मृतियों के गिरने के रूपक में
नहीं अँट पातीं नयी जगहों की यातनाएँ

अकुलाहट के हाथों मारे गए इंसान की लाश
अपनी आख़िरी पुकार की ध्वनियों का पीछा करते हुए
भटकती है
और थककर चाँद को तरबूज की तरह दो टुकड़ों में काट देने की इच्छा में
खो जाती है
(चुप्पियों से कहो शक्कर लाएँ)

अकेले दिन की
आईने-सी अकेली शाम

एक पुकार लड़ती है एक चुप्पी से
मेरा चाँद लड़ता है तुम्हारे चाक़ू से।

परस्पर सम्बोधित

दिन खो गया है और रौशनी एक नश्तर है
मेरी आवाज़ गर्म डामर का उबाल है

हिचकियों के गले में तीलपिया का काँटा फँसा है

पलकों पर झूलता हुआ
रूप एक यातना है

कल्पवृक्ष ने उधार माँगा है प्रेम

समकालीन अधिक, बहुत अधिक है
अतीत का कम, बहुत कम

इसके पहले कि दुर्गंध का एक दल
चाँद की रौशनी चबा जाए

किसी मिथकीय कथा में आए अप्रत्याशित मोड़ की तरह
हम फिर से उठेंगे किसी दिन
अपनी ही राख से
अपने ही रक्त से।

तत्व-संवाद

इस कहानी में अभी कुछ ही देर में अवसाद की आग लगने वाली है
तब तुम कहाँ जाओगे?
—दुख और खीझ और सन्त्रास में डूबे हुए उद्‌देश्य से शिल्प ने पूछा
उद्‌देश्य की आँखों में चिंता का आकाश उतर आया
देह से धूल झाड़ते हुए उठने के अभिनय से उसने उत्तर दिया—
मेरे नायक के पास एक आदिम भाषा है
जिसे वह बरतना भूल गया है या अब उसे उसकी ज़रूरत नहीं
मैं नायक की आदिम भाषा में चला जाऊँगा

शिल्प ने उद्‌देश्य के प्रति चिंताजनक आश्चर्य जताया—
क्या तुम अब तक इस लेखक को नहीं समझ पाए हो
क्या तुम नहीं जानते कि कहानी ख़त्म होने से पहले यह नायक को मार देगा?
यह सच है कि इससे तुम्हारी आत्मा चोटिल हो सकती है
और तुम्हारी जीभ पर फफोले आ सकते हैं
लेकिन क्या तुम ज़िन्दा रहने की शर्त पर खलनायक के पास नहीं जा सकते?

शिल्प के इस मध्यमवर्गीय सुझाव से उद्‌देश्य का चेहरा तमतमा गया
उसने समकालीन भाषा की जेब से एक बीड़ी निकाल ली और सुलगाते हुए

बड़बड़ाने लगा—
तुम्हें शर्म आनी चाहिए मुझे खलनायक के पास जाने का मशविरा देते हुए
मैंने एक मासूम सपने के भरोसे पर अपनी उम्र गुज़ार दी कि—
एक दिन सभी खलनायक मारे जाएँगे
खलनायकों के ख़िलाफ़ होने वाली कार्यवाहियों को सफल बनाने के लिए
मैंने अपनी साँसों के सिक्के बेशर्त गिरवी रखे
युवा नायकों के लिए झंडे उठाए, नारे लगाए
और उनके गद्दार निकल जाने पर वातावरण के कन्धे पर सिर रखकर रोया हूँ।
नायकों को दिए फूल
खलनायकों पर थूक दिया
मेरी यह कोशिश रही
कि लोग जानते रहें
मैंने किससे की घृणा
और किसके प्यार में आत्मा को किया न्यौछावर

देश-काल उद्देश्य के इस आवेश से लगभग थरथरा रहा था
शिल्प ने सिर झुका कर माफ़ी माँगी
वातावरण सहमी-सी चुप में बैठा रहा

कुछ देर चुप्पी ही नायक रही

तभी अचानक
लेखक से सर्वाधिक परिचित संवाद की आँखों में एक क़ातिल रोशनी उतर आई
संवाद ने त्रासद निर्णय की मुद्रा में अन्तिम वाक्य कहे—

वहाँ देखो दूर से आता हुआ वह
इस कहानी में अब कुछ ही देर में अवसाद की आग लगने वाली है
मुझे कहना ही पड़ेगा—अलविदा

मगर ख़याल रहे
जब चुप्पी नायक होगी तो लेखक तानाशाह होगा
भविष्य के चरित्र यह नहीं पूछेंगे कि यह आग कैसे लगी और देश-काल राख से क्यों भर गया
लोग पूछेंगे—
तब आपका उद्‌देश्य अज्ञात क्यों था?
तब आपकी भाषा भयभीत क्यों थी?
तब आपका शिल्प शर्मनाक क्यों था?